Schrittweise Glück

Die Deutsche Nationalbibliothek verzeichnet diese Publikation in der Deutschen Nationalbibliografie; detaillierte bibliografische Daten sind im Internet über http://dnb.dnb.de abrufbar.

Oleanderstraße 12 - 41470 Neuss
Tel. 0 21 37/95 27 88
Fax 0 21 37/95 27 83
Layout, Satz: Wolfgang Reif
Covergestaltung unter Verwendung einer Grafik von adobe.com

ISBN 978-3-928249-59-1
www.skript-verlag.de

Kontakt zur Autorin: wortfarbentexte@gmail.com

Maria Lange-Otto

Schrittweise Glück

Kurzgeschichten

Den Zeiten ohne Bleiberecht

Maria,
ob das Glas halb voll oder halb leer ist,
ist nicht die entscheidende Frage, sondern
ob wir etwas im Glas haben, das unseren Durst
nach menschlicher Nähe und Geborgenheit löscht.

Johannes Böllinger

Inhalt

Maria Lange-Otto, geb. 1957 in Düsseldorf, war lange Jahre Deutschlehrerin und leitete als systemischer Coach Fortbildungen für Schulentwicklung.
Von 2016 bis 2021 war sie Mitglied im Neusser Autorenkreis. Durch Lesungen ist sie einer größeren Leserschaft bekannt geworden.

Mit Tiefgang erzählen ihre Geschichten von menschlichen Beziehungen und dem Leben drumherum, erzählen von Trauer, Hoffnung und dem Glück in kleinen Schritten. Nach ‚Neuss literarisch' 2020 (Hrsg), ‚Geteilte Tage' 2021 und ‚Weiter Blick' 2022 ist ‚Schrittweise Glück' eine weitere Veröffentlichung von Maria Lange-Otto, alle im Skript Verlag, Neuss erschienen.

Wesentlich werden

Ich verlasse mein Haus, stelle meinen Fuß quer zum Strom wie der Gewohnheit ein Bein, suche den Duft der Rosen für die Furt durch den Alltag, finde Gedankenlücken zwischen den Bindungen der Vertrautheit und nehme mir Zeit.

Die Palette meines Bemühens, vor Zeiten für meine Zeiten zusammengestellt, mischt hin und wieder Grün und Rot mit Grau. Es ist kein tiefes Grau, aber es regt an, dem Treidelpfad der Jahre zu folgen, um das Blau mit dem Wind der guten Tage aus den Angeln zu heben.

Wäsche waschen, Mülltrennung oder Kuchenbacken helfen mir, Flausen sowie vergebliche Träume aus dem Kopf zu schlagen. Es sind nicht mehr viele, die verbleibenden rücken mit jedem Zug weiter, ohne Gewinn, an Los vorbei, zur Tür hinaus, so bleibt Raum zum Atmen.

Begleiten und Zuhören sind von besonderer Güte, wenn ich auf dem Laufenden bleiben möchte, denn Umarmungen ohne Klammern geben meiner Familie Freiheit und mir innere Stärke.

Weiß der Himmel nicht weiter, weil tagsüber Hoch und Tief sich nicht einig sind, fällt Ende des Monats das Bier in der Kneipe aus, weil Bedarfseinkauf statt Belohnungskonsum angezeigt ist, denke ich an meinen Vater. Er vertraute mir das Geheimnis von selbstgemachter Zufriedenheit an: Gib der Dankbarkeit in deinen vier Wänden ein Zuhause.

Wenn in den Medien Nebenschauplätze viel Raum beanspruchen, die Dummheit Aufmerksamkeit erhält, suche ich die Mitte, kenne ich doch viele Gründe zum Lachen auswendig, nur die Tagesmelodie will nicht immer so, wie ich meine, dass sie klingen soll.

Dann sagt der Gärtner: Sei geduldig, alles wird sich finden. Und mittendrin verabreden sich seit einiger Zeit Meeresrauschen und Schwalbengezwitscher, bieten mir das Lied „Wesentlich werden“ in drei Strophen mit Refrain als Ohrwurm an. Da wundert es niemanden, dass ich drei Tränen dazu weine, denn mir wird immer etwas schwindelig, wenn das Blatt sich wendet.
Ich weiß es schon lange, das Eselsohr bedauern, im Kaffeesatz lesen oder das Haar in der Suppe finden, ändert nichts an meiner älterwerdenden Haut, und jedes Jahr im Juli feiern weitere Falten meinen Geburtstag, erzählen angeregt vom gelebten Jahr und amüsieren sich über die Märchen der Gesichtscreme-Werbung.
Geschenkt und geliebt in Tagebüchern und Fotoalben steckt meine Vergangenheit, ihr Dasein ohne Bleiberecht stromert in meinen Erinnerungen, doch Rückwärtsschauen ist keine christliche Tugend, sagt mein priesterlicher Freund.
Durch den Ohrwurm im Herzen beruhigt, habe ich dem Zug der Kraniche versprochen, den Veränderungen kommender Zeiten nicht im Weg, nicht bei Fuß zu stehen, aber immer mit beiden Beinen auf dem Grund meines Glaubens. Der Vorrat meiner Jahre wird sich leeren, doch behält und bewegt mein Herz den Tauf-Segen:
Bei deinem Namen habe ich dich gerufen, in meiner Hand ist er geschrieben.
Meine Welt darf sein, wie sie ist, darf sich verändern, wie sie es tut. Was ich ihr gebe, dass sie der Ort bleibt, in dem ich leben will? Es ist das feste Vertrauen, dass niemand die Fahne hissen muss, der den Auftrag Gottes nach seinen Möglichkeiten, nach seinem Gewissen zu erfüllen sucht. Das haben wir schriftlich, mit Brief (Bibel) und Siegel

(Kreuz). Das Kreuz spricht für sich, spricht mir zu, spricht uns zu: Gestern wie heute gilt, was immer gilt:
Ich bin bei euch, alle Tage.

Gesammeltes

Meine erste Haarlocke, vergilbte Familienfotos, Schwimmabzeichen, Musikinstrument mit Noten, Jugendgedichte, erste Liebesbriefe, Poesiealbumsprüche der Eltern, Großmutters Ring, Großvaters Notizkalender, Schulzeugnisse, Abiturzeugnis, Universitätsbelege, Israelreiseverlauf, Examensurkunden, Verdienststreifen aus dem Studienjob, Stammbuch, Hochzeitsfotos, Mutterpass, Kinder- und Familienfotos, Kindergartengemälde mit Blumengruß, erster Unterrichtsplan, drei verstaubte Rosen,
Lehrerkalender aus 39 Jahren, 28 Füllfederhalter, Menupläne der Festtage, Weihnachtswunschzettel, Familienurlaube, Mallorca hoch zehn, Familienrezepte, Geburtstagsreden für meine Mutter, für meinen Vater, Weiterbildungszertifikate, Windschutzscheibengruß meines Vaters, Leistungsbeurteilung mit Auszeichnung, Dankesschreiben einer Schülermutter, bewegende Jahresabschlussrede, roter Drehstuhl, ein Oskar für die beste Klassenmama, Feriengrüße meines Vaters, meine Trauerrede für ihn, Fünfuhr-Frühnotizen meines Mannes, meine Trauerrede für ihn, Ehering, Lebensbrief meiner Freundin, Blumenfoto von ihrem Grab, NewYorker Stadtplan, englische Münzen, Briefmarkenalbum vom Onkel, Hoffnungszettel eines Gemeindemitglieds, Briefe meines priesterlichen Freundes, Lobzettel und Strickstrümpfe, Lobzettel mit Kuchenrezept, erster Wortgottesdienst, erste Predigt, Lob

der Pilgerschaft, Kartenbriefe von Kolleginnen, Polsterkissen für ein Ruderboot, Foto der Rheinreife, Zukunftssätze der Schreibfreundinnen, Postkartengrüße aus aller Welt, meine Prosa, meine Lyrik, Autorenlob aus berufenem Mund, meine Kalendertagebücher, Aufbaubriefe meiner Schwester, Botschaften meiner Söhne, Briefe der letzten Liebe, viele Tagebücher…

Alles erzählt von mir.

Sehnsucht

Ist sie da, bin ich zuhause
und das Wir klopft an
deshalb
halte ich mich aufrecht
sähe Blumen auf das Grab
küsse die Möglichkeiten
lerne über Wasser gehen
und übe mich in Geduld
dann
stelle ich mich dem Morgen
löse den Knoten
und fange einen Stern
lache mit dem Wir
erlebe fremde Welten
und ernte neues Leben
denn dann
weiß ich, was ich brauche
folge der Liebe, die heilt
wachse mit den Tagen, die bleiben

komme an, wo ich erwartet war,
belebe, bewahre, behüte Erinnerungen
und
lösche irgendwann das Licht.

Beste Lage

Sie sind da, sind nicht zu überhören.
Jeder will dabei sein, jeder macht mit, es ist sehr früh, wenn das Spektakel beginnt. Nichts bleibt unausgesprochen, keine Bemerkung überhört, alles kommt auf den Tisch, doch leise geht das nicht. Ab und zu wird eine kaum merkliche Pause eingelegt, alle holen Luft, dann übernimmt einer von ihnen erneut das Kommando. Wieder sind alle mit von der Partie, keiner wird ausgeschlossen. Weiter geht's, vielleicht von vorne, vielleicht mit neuem Thema? Um was es im Einzelnen geht, weiß ich nicht, auf jeden Fall wird alles laut und vernehmlich in die Welt getragen. Heute müssen es größere Verhandlungen sein, heute geht alles drunter und drüber, den ganzen Vormittag. Mittagsruhe kennen sie nicht, so hilft mir auch kein Protest wie, Ruhe jetzt oder so. Ich muss sie gewähren lassen, denn der Gärtner sagt: Sie dürfen das, sie waren vor uns hier.
Die 2. Division der Spatzenkolonie Seeberg wohnt unter der ersten Dachziegelreihe unseres Hauses. Wohl 100 Spatzen leben, piepsen, kreischen, lieben, randalieren, beobachten und nisten da. Wenn sie dort nicht tun, was sie gerne tun, sitzen sie auf der Regenrinne und tun, was sie am besten können, sie schwatzen mit den Nachbarn über den Tag hinweg oder sie streiten. Der Streit geht

meist um den Platz mit der besten Sicht am Haus oder im übergroßen Buchsbaum an der Terrasse. Der beste Platz ist immer der, von dem man die Wanderwege der Katze aus sicherer Entfernung beobachten kann. Streicht sie zu nah am Haus vorbei, halten alle Spatzen hörbar zusammen, heißt, ihr Geschrei ereifert sich aufs Äußerste, bis die Luft wieder rein ist.

Jedes Jahr im Frühjahr tobt eine andere heftige Auseinandersetzung zwischen ihnen, dabei geht es um den beliebtesten Nistplatz gleich neben dem Regenrohr. Baubedingt fast am Ende der Ziegelreihe angebracht, gibt es dort mehr Schutz vor dem Wind, der von der See oft gewaltig fegt. Beim Nestbau geht es unkonventionell zu. Abgestorbenes Gras, das der Rasenmäher liegen ließ, erfreut ein Spatzenpaar ebenso wie kleine Federn, feine Strohhalme vom Feld oder Moosstückchen. Wer für welche Aufgaben zuständig ist, habe ich bisher nicht herausfinden können, aber fleißig sind sie allemal. Auf gute Nachbarschaft wird bei Spatzenpaaren großen Wert gelegt, schließt aber interne Querelen um stibitztes Baumaterial nicht aus. Einig ist man sich nur darin, dass ihnen aus den Schnäbeln Verlorenes keinerlei Beachtung mehr wert ist, geschweige denn zurückgeholt wird. Es bleibt auf dem Boden vor der Haustür liegen und ich muss immer wieder fegen.

Unsere Spatzen brüten in Gemeinschaft. Gemeinschaft macht stark und bei Bedarf können die Nachbarn ausgeschlüpfte Küken mitfüttern. Nach zwei Wochen ist der Nachwuchs flügge und geht in die Spatzenschule. Training für die Futtersuche sowie Übungen zur Abwehr von Gefahren sind für ein Spatzenleben unverzichtbar. Mit Ausflügen aller Art wird dafür gesorgt, dass Alt und

Jung den Ernst mit Spaß verknüpfen können. Man sollte denken, diese Ausflüge werden diskutiert, organisiert, kurz strategisch umgesetzt. Mitnichten, für das menschliche Auge planlos wirr fliegen sie los. Drei Spatzengeschwader von drei verschiedenen Stützpunkten aus kämpfen sich durch die Thermik über Rasen und Acker, umrunden Feuerstelle und Terrassenmöbel, all das mit fröhlich lautem Zwitschern.
Die Rundflüge, die sicher mit verlockendem Pausenbrot angepriesen sind, beginnen gleich an der ersten Haltstelle mit einer Besichtigung. Das Futterhäuschen am Gartentor bietet Spatz und Spätzin ein breites Angebot, für das alle den Zwischenstopp nicht auslassen. Es geht der Reihe nach, kleinere Rempeleien kommen vor, arten aber nie in Rüpeleien aus. Jeder kann an der Futterstelle begutachten, was der Gärtner ausgelegt hat.
Schräg über den Zaun zum Nachbarhaus geht die Reise weiter. Dort hängt eine Futtersäule, die regelmäßig bestückt wird. Da die Anflugfläche für einen Spatzenschwarm zu eng ist, es keine Anweisungen von Fluglotsen gibt, ist die Gemengelage dort so explosiv, dass hier nur das ungeschriebene Gesetz des Stärkeren mit dem spitzen Schnabel regiert. Wer hier nicht zum Zuge kommt, muss weiterfliegen. Doch wohlwissend, dass man bei der nächsten Futterquelle gleich an der Reihe ist, stört das die älteren Spatzen nicht und die jüngeren lernen aus dieser Erfahrung.
Diese dritte Futterquelle wartet hinter der Einflugschneise zum Getreidefeld. Egal zu welcher Jahreszeit finden alle Spatzenfamilien ganz ohne Gedränge dort genug Futter, das den Vogelmagen füllt. Dann geht der Ausflug dem Ende entgegen, ein großes Tor an der Begrenzungshecke

weist den Spatzen die Richtung zum verdienten Feierabendtrunk am Brunnenbottich. Hier sind alle in ausgelassener Stimmung, denn Schluck für Schluck Lebensfreude ist nach dem Ausflug garantiert.

Ob Spatzen bei allen Unternehmungen auch Freizeit haben? Sicher haben sie das, jedenfalls sieht es für den Beobachter so aus. Über den Rasen hüpfen, Sandkörner picken, Staubbäder nehmen und dem Liebesleben freien Lauf lassen, all das scheint Freude pur zu sein. Sonnenschein begünstigt jegliche Art ihrer Outdooraktivitäten und nie muss ein Spatz alleine spielen.

Manchmal aber wird es für unsere Spatzen ernst. Ungefähr dreimal im Jahr deutet ein geheimer Code den Ausnahmezustand für alle Spatzen an. Wenn auch nur für kurze Zeit müssen alle Singles, Paare und Jungvögel ihre Dachziegelwohnung verlassen. Für diese Unannehmlichkeit ist der Gärtner verantwortlich. Normalerweise ist auf seine Fürsorge hundertprozentig Verlass. So wie er die Futterquellen in allen Jahreszeiten immer gut bestückt, den Wasserbottich im Winter eisfrei hält, wissen alle Spatzen, der Gärtner ist unser Freund. Aber wann er die Dachrinne vom Schmutz befreit, steht nicht im Spatzenjahreskalender, denn die Reinigungsarbeiten geschehen spontan, wenn es nötig ist. Dann werden die Arbeiten in sicherer Entfernung aus der Staudenhecke her beäugt. Wie gesagt, das dauert keinen Tag lang. Bald sind alle Spatzen wieder zuhause und zwitschern über den persönlichen Erfolg, im Gewusel sicher den Flugkorridor zum eigenen Nest gefunden zu haben. Bei besonderen Wetterverhältnissen wird das von großer Bedeutung sein, denn im Winter muss jeder Spatz auf Anhieb seine Wohnung finden. Bei Schnee sieht man dann auf dem Dach

eine Unzahl von Punktlandungen im Weiß.
Wenn das Tageslicht vergeht, kehrt Ruhe in die Spatzenkolonie ein. Da merke ich, meinem Ohr fehlen die Geräusche, die mich den Tag über begleitet haben. Alle Spatzen gehen schlafen und ruhen sich aus, aber nur bis zur Morgendämmerung. Dann ist von Träumen und Vorhaben viel Neues zu bezwitschern.
Spatzen leben frei, sind immer gut drauf, haben ein wunderbares Leben bei uns im Garten- und Ackerland. Enden Spiel- und Lebensphasen, endet ein kleiner Kreislauf. Alte Spatzen sterben, die Katze hat zwei erwischt, der Sperber holte drei oder vier Jungspatzen, und fünf Küken sind früh aus den Nestern auf den Steinboden gefallen. Bald aber werden schon die nächsten Eier ausgebrütet, der Nachwuchs wird unter der ersten Dachziegelreihe unseres Hauses wohnen. Dann geht es wieder los, laut und vernehmlich, mit bester Sicht in bester Lage.

Passt nicht!

Nicht weit entfernt, aber noch nicht an der Reihe, kann ich sie schon erkennen, die beiden Figuren. Ja, das sind sie, sagt mir die Erinnerung. Als Kind hatte ich sie zum ersten Mal gesehen, da nahmen meine Eltern mich mit, da waren Künstler und Kunstwerk noch unbekannt, da konnte ich drum herumgelaufen, die Figuren von allen Seiten begutachten, mich dazu setzen. Meine Eltern machten eins dieser Erinnerungsfoto.
Langsam in kreisenden Bewegungen streichelte ich zwei der Figurenhände. Mit einer gewissen Ehrfurcht machten meine Eltern mir das vor und erklärten, so wie die eine

Hand der anderen Hand entgegenkomme sei es das, was man Liebe nennt. Meine Eltern sahen glücklich aus, als sie die Handbewegung der in Metall genossene Figuren nachahmten. Ihre entspannten Gesichter und den Glanz in ihren Augen habe ich bis heute nicht vergessen.

In diesem Monat hatte ich den weiten Weg auf mich genommen, um den Ausdruck der Liebe wiederzusehen, wollte fühlen, ob das Glück aus dem Kindheitserlebnis wiederaufleben konnte, ob der Geist der Berührung von damals auch heute überspringen würde.

Endlich an der Reihe, endlich den freien Blick auf die ‚Beieinanderstehenden'. Wunderschön sind sie im Künstlerhaus zu bewundern, freistehend lichtumflutet sind sie in Wandnähe postiert.

Ich stehe davor, nichts ist von der Aura vergangen, wunderbare Konturen der Gesichter, der Körper, ihrer Handbewegung. Heute sehe ich auch den Hauch von Erotik zwischen den beiden, zwischen den nur zart sich mit den Fingern Berührenden. Es drängt mich, wieder meine Hand über die Außenhaut gleiten zu lassen, möchte das kühle Material mit meiner Hand fühlen.

Ich gehe einen Schritt näher und gleich wieder zurück, eine kleine Metallplatte macht auf sich aufmerksam, suggeriert mir, dass sich hier für die Zeit meines Verweilens die Regeln ändern.

Drei Worte auf einem rechteckigen Schild, die Buchstaben nur wenig kleiner, durch Ösen mit zwei feinen Stahlschnüren verbunden, hängt das Schild von einem Rahmengeländer herab. Unentschlossen, ob schweben nicht genauer ausdrückt, wodurch das Schild den Blick auf sich zieht, merke ich, dass es die Buchstabenfarbe ist, die auf mich wirkt. Schwarz.

Was hatte ich über Schwarz gelernt, Schwarz gehört zu den unbunten Farben, ist eigentlich keine Farbe, sondern das Nicht-Vorhandensein von Licht. Pflichtbewusst unterstreicht das Schwarz, dass sein Inhalt nicht überlesen werden kann, dass die Anweisung die Augen der Besucher findet.
Achtzehn Farblettern, eingraviert auf glattsilbernen Grund, sehen mich unmissverständlich an, verleihen drei Worten eine leise Macht. Mein Gefühl wird gestört, ungläubig sehe ich mich um, schüttele den Kopf, merkt das denn niemand? Das passt nicht! Wenn etwas nicht passt, dann das, ich bin enttäuscht!
Ich drehe mich weg, gehe weiter zur Fensterseite, sehe in den angrenzenden Garten des vor zwei Monaten neu eröffneten Museums, ein ganzes Haus nur für einen Künstler. Ich stelle mir vor, was er gesagt hätte, nee Leute, hätte er gesagt, das geht nicht, das passt nicht.
Die Besucher werden weniger. Ich sehe nochmals auf die ‚Beieinanderstehenden', sehe sie an, nehme beim Abschied ihre leise Bitte an ihr Gegenüber wahr. Bewegendes Flüstern der beiden Liebenden schwebt durch den Raum, gibt mir das Lächeln zurück. Bitte berühre mich, flüstern sie und übertönen die drei schwarzen Worte.

Einfach da

Bin ich da, bin ich hier, bist du da, bist du hier.
Einfach da, sind wir da, suchen eine Antwort für uns.
Einfach da ist die Frage, wieso wir?
Und sie ist einfach da,
wie der Sinn im Unsinn,

wie der Gedanke im Umdenken,
wie die Ruhe in der Unruhe,
wie der Wind im Regen,
wie das Astloch in diesem Baumstamm,
der Baum ist da, wir sind auch da.
Ich bin da, du bist da, wir stehen einfach da.

Gehen wir jetzt miteinander? Einfach so?

Aufgeräumt

Musik läuft, einst mit unserer Zweisamkeit verbunden, when we walked in fields of gold, will you stay with me. Gedanken suchen im freien Raum Erinnerungen, Tränen siedeln im Auge, sehe ihn am Schreibtisch, er sitzt da, er lacht mich an. Bilder der Fotowand beobachten mich, Emotion und Sachlichkeit wechseln im Tagesverlauf.
Bett und Schlaf halten mich zu lang fest, ich frühstücke zu viel und zu schnell, Couchmittagsschlaf, Fernsehwintersport, Reisedanken, Kleiderschrankvöllerei.
Später Küchenarbeit, Familienessen mit Erzählen, Planen, Lachen. Aufräumen und Abwaschen befriedet die Seele, Blick auf den Kalender. Ein weiterer Monat ist gelebt.
Vorhaben werfen Schatten, entmisten, entstauben, umdenken, Urlaubspläne zum Festhalten, Blumen gießen, mit ihnen reden, Aufgaben am Schreibtisch, Zeitung bleibt liegen, Terminliste für die Woche.
Die Musik endet, die Zeit geht, ich sehe ihr hinterher, alles ist schicksalsträchtig, schmerzempfindlich.

Wetterwechsel

Hier finden Sie Entspannung und zu sich selbst, verspricht das Prospekt, Tilda hofft darauf. Hochsommer im Weinanbaugebiet, Hitzeschleier, schwere Luft, der Wetterbericht hat für die Region Abkühlung mit Regen vorhergesagt. In der Nische versteckt lehnt Tilda an der Balkonwand ihres Hotelzimmers. Sie will ein paar Tage ausspannen, allein sein, wirkt nachdenklich abwartend. Tildas Leben war ereignisreich unruhig gewesen, eine schwere Krankheit, anschließende Reha, der Auszug des Sohnes und der Tod der Mutter gaben den Anstoß, das große Haus aufzugeben. Es folgten Wochen mit Ausmisten, Verschenken, Entsorgen, Kartons packen, eine kurze Verhandlungszeit und die Schlüsselübergabe an eine junge Familie. Neu eingerichtet in einer Dreizimmerwohnung, zufrieden mit ihren Entscheidungen, nahm vor einigen Monaten, unverhofft aber nicht unwillkommen, ihr Lebensweg nochmals eine Wende.

Schleierwolken zieren den Himmel, die Umgebung mittagsstill, der Kirschbaum wirft Schatten auf den Balkon. Die Sonnenbrille verdunkelt den Umgebungsblick, Tilda nimmt wahr, was sich zeigt. Ihre Augen streifen durch die Landschaft. Im nahegelegenen Weinberg Handpflege für die Reben, kleine Trecker befahren den Hang. Auf der Hauptstraße hält ein Linienbus, Schulkinder steigen aus, Wanderer fahren mit. Dunkle Flecken breiten sich auf der Hotelwiese aus, vieles ist schon vertrocknet, ein Blick in den Himmel. Die Erde braucht Regen, ich brauche Abstand und Ruhe, denkt Tilda, lässt sich im Liegestuhl nieder, schließt die Augen. Ohne aufdringlich zu sein, gibt die Ruhe Erinnerungen frei. Im Herzen Erinnerungen fühlen, ist wie an einer Muschel lauschen, man nimmt den eigenen Klang wahr. Die Stille wirkt und von der Mittagsluft beschwert, entspannt sich alles, sinkt wie Sand auf den Grund verlorener Tage.

Sie hätte es besser wissen sollen, doch wollte sie es nicht besser wissen. Freiwillig hatte sich Tilda darauf eingelassen, ungezwungen damit eingerichtet, dass neben Sohn, Nachbarin oder den Freundinnen ein so ganz anderer Besuch regelmäßig Aufwartung machte. Für ihr alleinstehendes Herz wurde er ein besonderer Gast, ein Mensch, der nach angespannter Zeit ihr mit Gesprächen, mit Genuss und Kuss eine neue Lebenssicht eröffnete. Das tat so gut. Das Kennenlernen geschah fast nebenbei. In der gleichen Firma angestellt, stand man bei einem Fest in der Menge zusammen, fand Themen und Interessen bei weiteren Gesprächen, suchte im Arbeitstag während der Pausen immer wieder die Begegnung, verabredete sich zum Essen, Kino oder Spaziergang. Tildas Augen sonnten sich mit gealtert jugendlichem Glanz. Aufmerksam freundlich verstand er es, ihr zu begegnen, sie für sich einzunehmen. Bald gab es den ersten, den zweiten Kuss und einfühlsam ohne Hast belebte sich lang vermisstes Hautgefühl. Tilda entdeckte wieder, was in ihr verschüttet schien, was die gemeinsamen Stunden mit ihm auslösten. Eine leichte Freiheit im Tun und eine neu erwachte Lust schenkte ein verändertes Spiegelbild. Glücklich über diese Lebenswendung, begehrte sie mehr von seiner Gegenwart, suchte seine Art, seinen Horizont, seine Berührungen in ihrem Leben. Er war der Mann, der ihr in der Zweisamkeit das gab, was sie geschützt, gestärkt, geliebt durch die Tage leben ließ. Hand in Hand mit ihm auf dem Weg verhieß Tilda das Glück, das sie sich wünschte. Das war alles, was sie brauchte.

Da er gebunden war, blieb es nicht aus, dass beide auf getrennten Wegen immer wieder zu ihren Lebensaufgaben zurückkehrten. Mit dem wundervollen Klang seiner Worte träumte Tilda von einer Zukunft mit ihm, von einer Bleibe für ihre Liebe, von dem sicheren Platz neben ihm. Bisher durfte es nur ein Platz auf Distanz sein, denn sein Alltag war streng geregelt. Seine Arbeit in der Firma und seine Ehe mit weitem Familienkreis forderten Zeit, mit den Monaten mehr und mehr Zeit. Schmerzlich spürte Tilda Veränderungen, seine Besuche wurden zu Terminen im Kalender der Heimlichkeit, sein zärtlich geflüstertes Ja zur gemeinsamen Zukunft rückte aus dem Mittelpunkt. Er wurde Monat für Monat stiller, bis er gar nicht mehr darauf einging und das Thema vermied. Obwohl Tilda sich in seinem Alltag an den äußeren Rand gesetzt sah, vertraute sie weiterhin seinen Küssen, dass es den öffentlichen Platz an seiner Seite geben würde. Als seine Lebensumstände zu einem Stolpersteinbruch wurden, die geheimen Postkarten aus den Familienferien nichtssagender ausfielen und gemeinsame Stunden immer mal wieder abgesagt wurden, hoffte Tilda weiter. Liebe tut das.

Tilda öffnet die Augen, müde im Herzen, müde im Geist steht sie auf, verlässt das Zimmer. Im Hotelbistro bestellt sie Keks und Eiskaffee, kehrt mit kleinem Tablett und beigelegtem Veranstaltungsprospekt in ihr Zimmer zurück, setzt sich wieder auf die Balkonliege. Das Sonnenlicht nimmt ab, Wolken sammeln sich. Das Sommergetränk erfrischt und Tilda sieht ziellos suchend in den Garten, als liege dort die Antwort nach dem Warum, dem Wieso der letzten Tage. Was hatte die Lawine ausgelöst? Nein nicht, nicht mehr denken, mahnt Tilda sich, die Zeit wird es richten. Doch Nichtdenken geht nicht und Gedanken sind nicht gleich Gedanken.

Da gibt es die Alltagsgedanken, die nüchtern, einfach und klar durch den Tag führen, die Arbeit und Einkauf erledigen, Zeitung und Mails lesen, Haushalt oder Entspannung nachgehen, die das Mittag- oder Abendessen planen und kochen, an Geburtstage und Einladungen erinnern, die sagen, Zeit zum Zähne putzen, Zeit zum Schlafen. Mit ihnen umzugehen, in ihnen zu leben, ist nicht schwierig. Und es gibt die anderen Gedanken, die sich hinten in einem Winkel der Erinnerungen festsetzen. Schmerzhaftes wird dort konserviert, versteckt und bewacht. Diese Arbeit machen die laut- wie lichtlosen Gefährten einer anhaltenden Unsicherheit, die aus Einzelworten Mannschaftssätze im Kopf entstehen lassen. Variantenreich ausgestattet, du bist nicht gut genug, das schaffst du nicht, du kannst nichts, ängstigen sie und drängen in die Hilfslosigkeit. Endlose Wiederholungen lassen deren Unrast freien Lauf und Tildas Geist nicht zur Ruhe kommen. Da nachhaltig verstärkt, wirken Winkelgedanken langlebig, können sich durch den kleinsten Anlass neu anfeuern, auf der Stelle wieder zielgerichtet ins Feld führen, besonders dann, wenn Tilda meint, sie sei über eine Sache längst hinweg. Das ist sie aber nicht. Ein glimmendes Restfeuer erschwert, dass die Gedankenwunde noch nicht heilen kann. Ähnlich einem hartnäckigen Phantomschmerz hat sie dieses eine, dieses unselige Wort fest im Griff.
Er war gegangen, auffallend leise hatte er die Tür geschlossen. Augenblicklich brach die Lawine los, war schneller als ihr Verstand. In ihrem Kopf wurde es laut, wie auf einem Rangierbahnhof laut, unaufhaltsam rollten Güterzüge mit Gedankenwagons. Herzgefühle, sich glühend widersetzend, trieben den Puls an, erhöhten die Atemzüge, verlangten nach schützender Aufmerksamkeit. Ein einziges Wort aber

hatte ihren Verstand außer Kraft gesetzt. Der Absturz in bittere Enttäuschung beendete die gemeinsame, vertraut gewordene Zeit, ausgelöst durch eine Frage. Wie ein nicht beachtetes Brandnest schwelte diese Frage, die Tilda eine Weile schon mit sich getragen hatte, ihre Sehnsuchtsfrage, die eine Antwort zur Befriedung erwartete: Wie siehst du unsere Zukunft?

Die Antwort kam, eine Antwort, die unerwartet schnell wie Zunder alles niederbrannte. Tilda vernahm ein Wort, das nichts vom Gestern ins Morgen retten konnte. Es war ein Wort, das er unwiderruflich nicht zurückzunehmen vermochte, weil er es sich nicht mehr erlaubte.

Der Wetterbericht hat recht behalten, Regen plätschert, endlich, weicher Landregen, lang ersehnte Abkühlung stellt sich ein. Tropfen fallen auf die Erde wie Worte auf ein Herz, vergleicht Tilda und überlegt, wie es sein kann, dass aus kleinen Buchstaben, die brav und freundlich in Reihe leben, sich ehrlich mühen, sich endlich finden, die nicht mehr sein wollen als ein Wort, dass aus ihnen Verletzendes, Verlassenes, Verlorenes entsteht?

Der Wein ging zur Neige, nervös rang er um Fassung, ausweichend suchte er ihren Kuss. Als sie stattdessen ihre Frage wiederholte, zögerte seine Antwort nicht. Ein Geflecht aus Entscheidung und Endgültigkeit traf ihre Ohren, warf sich niederschmetternd auf ihren Atem, chancenlos ihr Entgegnen. Wir haben keine Zukunft, wir sind … Nein, nicht weiter, Tränen wollen kommen, nein, stopp, genug! Das Handy surrt, wieder eine Nachricht von ihm. Tilda richtet sich hoch, nicht beachten! Steht auf, vorbei! Streckt ihr Gesicht zum Himmel, Schluss!

Im Weinberg verwandelt der Sommerregen den Dunst der Hitze in feine Nebelschwaden. Schöner als jetzt kann

der Regen kaum fallen, denkt Tilda. Durch die ruhenden Bilder der Landschaft besänftigt, findet sie den Weg aus den Winkelgedanken, kann ihr Verstand sich dem Unwort entziehen. Tilda ist überzeugt, es sind nicht die Worte, die verletzen, es ist der Mensch, der sie sucht, der sie setzt, der sie sagt.
Treibholz, hatte er gesagt, wir sind Treibholz, hallt das Echo. Treibholz ist seelenlos, ist trauriger Rest von Leben, hin und her trudelnd an der Wasseroberfläche, ausgesetzt dem Wechselspiel von Wind und Wellen, driftgespült an Ufer oder Strand. Ohne Halt, ohne Sicherheit, ohne Chance zu neuer Verwurzelung vergeht es irgendwie im Nirgendwo, denn Treibholz ist lange zuvor bereits Totholz.
Tilda geht ins Bad, wäscht Gesicht und Hände, spricht mit ihrem Spiegelbild: Bin wieder ich. Gefasst löscht sie seine Nachrichten, entfernt den Kontakt, atmet tief ein und aus, Ende! Sie sieht auf die Uhr. Wandern im Weinberg, bei jedem Wetter, so lautet die Ankündigung im Hotelprospekt. Tilda zieht Wanderschuhe und Regenjacke an. Bevor sie ihr Zimmer verlässt, malt sie mit Lippenstift eine Nachricht an sich selbst auf den Spiegel: Ich bin kein Treibholz, ich bin Tilda, nimmt den Rucksack und macht sich auf den Weg.

Rapsglanz

Sie waren gleich per du, seit sie beim gemeinsamen Aufenthalt im Säuglingszimmer des St. Johann-Krankenhauses nebeneinander lagen. Zwischen schlafen sollen und gestillt werden war ihnen damals oft langweilig. Da Hannes und Piet in der Woche vor Weihnachten die einzigen Säuglinge auf der Station waren, suchten sie lautstark die Langeweile in ausgedehnt pflegerische Aufmerksamkeit umzuwandeln, hielten die Kinderschwester auf Trapp, wurden gewickelt, getragen, geherzt, meist im Duett. Dabei sahen sie sich in die Augen, klatschten ihre Händchen aneinander. Ihre Mütter teilten sich ein Zimmer, so war der interne Austausch für sie rundum gesichert. Kam Besuch, machte irgendjemand immer dieses Dududu. Dieses Getue gefiel beiden so gar nicht, schlossen dann einfach die Augen und ließen die Erwachsenen Kinder sein. Ganz und gar nicht gefiel ihnen, nach ein paar Tagen getrennt voneinander in eine neue Umgebung gebracht zu werden. ‚Nach Hause gehen' nannten die Erwachsenen das. Bei der Kinderschwester verabschieden sie sich widerwillig, legten schreiend Protest ein und über die Tragekörbe hinweg versprachen sich Hannes und Piet, sobald sie die Sache mit der Unterbringung selbst in die Hand nehmen konnten, würden sie diese Trennung rückgängig machen. Äußerst erfreulich wirkte da die Tatsache, dass ihre Mütter sich auf der Entbindungsstation angefreundet hatten, regen Austausch über Windeln, Brei und Schlafenszeit hielten und wenn zuhause alles drunter und drüber ging, einander Stütze und Halt wurden. So waren Hannes und Piet mit ihrem Zuhause schnell zufrieden gestellt, die Ausschichten standen gut, dass sie auch weiterhin von der jeweiligen Entwicklung als Erstgeborener einander berichten konnten.

Von der Säuglingsstation ausgesehen bedeutete Zuhause sein für Hannes eine Mama, ein Papa, zwei Omas, ein Opa und ein Bauernhof von 75 ha mit zugehörigem Hofladen, gleich am Ortseingang gelegen. Für Piet war das Zuhause eine Mama, ein Papa, zwei Opas, ein Onkel, zwei Tanten und der Landmaschinenhandel mit Werkstatt sowie Tankstelle am Ortsausgang. Getragen im Babykorb, gefahren im Kinderwagen oder die Hand in Mamas Hand so besuchte man sich regelmäßig. Wann immer die Möglichkeit bestand, lagen, krabbelten, weinten, spielten oder aßen Hannes und Piet zusammen. ‚Unser erstes Ding' nannte Piet später diese Zeit, die Zeit, die ihnen bedingungslose Freundschaft in die Wiege gelegt hatte. Das Gesamtpaket Leben machte sich auf, geöffnet zu werden und spätestens als Hannes und Piet laufen konnten, wussten sie genau, wie man das macht.

Sie wuchsen wie Geschwister auf, fühlten sich brüderlich, fast zwillingsmäßig verbunden, gingen gemeinsam in den Kindergarten, saßen in der Schule zusammen an einem Tisch und wurden bei jährlichen Projekten Experten für Ackerbau, Saat und Ernte, sowie Landmaschinen, Schmieröl und Ersatzteile. In der Woche mit dem Fahrradtraining brach sich Hannes ein Bein und Piet einen Arm, sie machten nur ungern Hausaufgaben, verliebten sich in Geerti und Marie. Als sie mit 14 Jahren zusammen das Landespreisausschreiben ‚Was ist Heimat?' gewannen, hatten sie ihre Heimat längs gefunden. Für Hannes waren Felder und Feldarbeit sein Leben. An der Seite von Vater und Opa rückte vieles von klein auf in sein Blickfeld. Er machte mit, packte an, wo er konnte und durfte. Er lernte, wie ein Bio-Bauernhof mit den Jahreszeiten Hand in Hand arbeitet, wie Ernte und Saat sich im wiederholenden Kreislauf einer Sieben-Felderwirtschaft vollzieht, lernte Seegrasdüngen, Stoppeln und Pflügen, sah die Ringelwalze hinter dem Pflug Grobes zerkleinern, lernte, wie Untersaaten gegen Unkraut genutzt werden, freute sich, neben dem Vater mit der Drillkarre die Saat

einzubringen und war begeistert, dem Wachsen von Hafer, Roggen oder Dinkel zuzusehen.
Bei Piet war es ähnlich, seine Liebe galt den großen Landmaschinen und ihrem Einsatz. Auf dem Firmengeländer, in der Werkstatt oder der Tankstelle kannte er sich mit der Zeit bestens aus, sah Opa, Onkel und den Angestellten bei Reparaturen an den Landmaschinen zu und fühlte sich mit Ölschmiere an Händen und Gesicht sichtbar wohl. Seinen Tanten half er in der Tankstelle, wenn am Wochenende jemand gebraucht wurde. Nach der Schulzeit stand ihm seine Zukunft klar vor Augen, der große Familienbetrieb.
Mit dem halben Dorf feierten Hannes und Piet nach den Weihnachtstagen regelmäßig ihre Geburtstage und niemand zweifelte an der Freundschaft der beiden. Dorfbekannt und traktorsicher wurden beide zu Jugendlichen, reiften zu jungen Erwachsenen, einer ohne den anderen war undenkbar.
Hannes kommt mit dem Traktor vom Feld, hat Furchen gezogen, Steine rausgeholt, ist wieder und wieder übers Feld gefahren. Er liebt es, frühmorgens unterwegs zu sein, manchmal im Hochstand sitzen, den Jahreszeiten zusehen, wenn der Winter sich ins Gedächtnis der Erde zurückgräbt, die Frühlingssonne noch überlegt, sich sehen zu lassen.
Wenn er die braunschwarze Erde in die Hand nimmt, riecht er wie sie, gesättigt von Wind und Regen, ihren Duft in seine Hand fließen lässt. Er sieht, wenn die Luft wärmer wird, die Störche übers Feld fliegen, sich im Horst niederlassen, wenn der Sommer viel Platz für Farben und Schwalben braucht, die Ernte ganze Arbeit verlangt, wenn die Nebelschwaden länger bleiben, die Felder winterfest

gemacht sind, sich allmählich Ruhe einstellt. Zwischen Feld und Hain entlangzugehen, entlegene Felder im Rapsglanz stehen zu sehen. Er kennt nicht Schöneres. Seit einiger Zeit aber kann er diese Freude nicht mehr in den Tag mitnehmen, sie hält nicht mehr an. Etwas ist anders, etwas Diffuses ist da, ein Gefühl, das über ihn kommt, ihn in Bann zieht, ihn zeitweilig nicht mehr freigibt. Er will sich zusammennehmen, will das aushalten, will dagegen arbeiten, macht seine Arbeit auf dem Hof und in der Scheune, bringt Ware zum Hofladen, spricht mit den Kunden, trinkt Kaffee mit Mutter und Tante, sieht öfter nach seiner Frau, noch drei Wochen, dann soll Nachwuchs kommen, das Kinderzimmer ist hergerichtet, alles ist vorbereitet. Reiß dich zusammen, das muss doch gehen, treibt er sich an, versucht mit ein, zwei Tabletten über die Runden zu kommen, das wird bald wieder weg sein.
Kurzfristig ja, aber nein, es geht nicht weg, es wird mehr, das Dumpfe im Kopf, die Unruhe im Geist, dieses Ausgeliefertsein. Hannes stellt den Traktor aus, übergibt ihn mit Anweisungen dem Mitarbeiter, macht Pause, geht quer über den Hof hinters Haus, unter der alten Weide setzt er sich auf die Bank. Er hatte sie mit seinem Opa gebaut, zwei Nägel schief eingehauen, Opa gab Zuspruch und der dritte, der vierte, die saßen dann richtig. Hannes streicht über die Stellen, sie nannten sie ‚Rentnerbank', ohne dass Hannes damals wusste, was ein Rentner war, aber mit Opa dasitzen war wunderbar, jeder Moment ist Erinnerung. Hannes sieht durch den weiten Garten, schließt die Augen, verpflichtet sich zur Ruhe, das fällt schwer. Dieses Nichtgefühl bindet Aufmerksamkeit, dickflüssig zäh nimmt es den Körper ein, lässt sich durch Alltagsaufgaben nicht aufhalten, nicht vertreiben. Hannes öffnet

wieder die Augen, er weiß nicht, wie und warum, fühlt sich abgespannt müde. Marie sitzt neben ihm, lehnt an seiner Schulter, hält seine Hand, gibt ihm einen Kuss auf die Wange, nimmt den Kaffeebecher. Schwerfällig steht sie auf, streicht ihm über das Haar, komm bald rein, sagt sie und geht ins Haus. Hannes sieht ihr nach, weiß nichts zu sagen, leer und dunkel kreisen unbekannte Gedanken durch den Kopf. Still tobend schwingt das Dunkel im Kopf, reißt ein Loch in Gemüt und Gespür und Hannes hat zum ersten Mal in seinem Leben Angst. Angst kennt er bisher nicht, mit den Jahreszeiten arbeiten gibt Beständigkeit, die Hochzeit mit Marie machte sein Leben rund, die Ankündigung des Nachwuchses festigt den Sinn für die Zukunft. Hannes hat alles, was sich andere wünschen. Aber diese Leere, dieser schwarze Krater im Kopf, der geht nicht weg, der ist da, der wird größer. Was kommt noch auf mich zu, was hat mich erwischt, wie tief ist das Loch, in dem alles versickert, sich alles verliert.

Alles, was an guten Tagen Halt gibt, was festzuhalten sich lohnt und Sicherheit bietet, alles schwindet, löst sich irgendwie auf. Ohne Anlass, ohne Wort, ohne irgendwas, was Grund wäre, so sinnt er im geistigen Schwebezustand durch den Tag. Das Schlimmste bei alledem ist für ihn die Tatsache, es niemanden erzählen zu können, nein, das geht nicht, wer will das hören, wie hört sich das an, ein junger Mann mit Familie und Hof, ein Bauer mit Herz und Auskommen, der soll plemplem sein? Nein, solange er nicht weiß, was sich in ihm breitmacht und aushöhlt, versucht er weiterhin alles wegzudrücken, auszublenden, zu übergehen. Nach einiger Zeit ist nichts mehr wegzudrücken, lässt sich nichts mehr ausblenden, es wird sichtbar.

Fast geografisch in der Mitte der beiden Wohn- und Arbeitsfelder liegt der Dorfkrug. Von gutem Essen und hauseigenen Bier beworben ist er ausgewiesener Treffpunkt aller Feuerwehrfeste, Jubiläen, Beerdigungen, politischen Veranstaltungen oder Versammlungen der Gildevorstände. Früher endete nicht selten eine Feier in einer Schlägerei, aber das ist schon Jahre her. Das Dorf ist moderner geworden, der Dorfkrug aber bleibt der Dorfkrug. Bis heute hat alles dort seine gewohnt angestammte Ordnung. Alt und Jung treffen sich in ihren Kreisen, wie der Stammtisch ‚Liebe vergeht, Hektar besteht'. Seit 50 Jahren gibt es für ihn einen speziellen Rundtisch in Dorfkrug. Eigentlich kann alles so bleiben, bis Hannes und Piet mit 32 Jahren erkennen, dass es Dinge im Leben gibt, die man nur allein mit sich selbst ausmachen kann, die nur alleine zu verantworten sind. Ungeahnt wird ein Lebensschritt zum Lebenseinschnitt.
Am Sonnabend vor dem Johannistag sind alle im Dorfkrug. Jegliche Arbeit im Dorf ist erledigt, alle sind guter Stimmung, am Sonntag kann mit Gottesdienst und Prozession im geschmückten Dorf gefeiert werden. Hannes und Piet stehen am Tresen, trinken ein Bier, das Gespräch läuft zäh, nicht so wie sonst. Hannes scheint abwesend, starrt auf sein Glas. Kaum dass Piet bemerkt, seit Längerem bist du so komisch, was ist denn los mit dir, macht die Halbjahressitzung der freiwilligen Feuerwehr im Nebenraum Pause. Piet will dem Wehrführer noch Wichtiges zum morgigen Festablauf mitteilen. Moment, ich komm gleich wieder, sagt er zu Hannes und geht nach nebenan. Als wäre damit der Startschuss gefallen, macht sich bei Hannes innerlich etwas selbstständig, will raus aus der Enge des Geistes, etwas, das ihm bis dahin als unvorstellbar galt,

sucht den Weg in die Freiheit. Still, aber schnell fließt es augenblicklich durch die Blutbahnen, wirkt in alle Winkel des Körpers hinein, greift dumpf auf Herz und Atem, verursacht sekundenschnell einen Sturm im Kopf. Hannes bezahlt die Rechnung, verlässt Tresen und Dorfkrug, geht in die angrenzende Scheune und sieht auf den Strick.

Anderes Leben

Was macht es aus? Was hält es zusammen? Wie ist es zu füllen? Warum fühlt es sich schwer an, wenn alles leicht daherkommt? Großstadtreise bringt Ablenkung.

Viele Schritte, viele Wege, viele Kilometer.
Viele Leute, viele Gesichter, viele Bilder.
Viele Klicks, viele Geräusche, viele Eindrücke.
Viel gelacht, viel gesehen, viel beobachtet.
Viel Familie, viel Freude, viel Gefühl.
Viele Schmerzen, viele Gedanken, viel nachgedacht.

Ich bin nicht viel allein, habe Kinder, Verwandte und Freunde, aber niemanden, für den ich der Nächste bin.
Ich spüre, mit Abstand und Alter stellt sich ein neuer Schmerz ein. Ihn gilt es zu besänftigen.
Ich laufe auf einem Bein durch mein Leben, sehne mich nach dem Gefühl zu wissen, wofür ich das alles tue, denn ich habe nur dieses eine Leben!
Und kann es kaum ertragen, dass mir die Antwort abhandengekommen ist!

Der Züge Klang

Ihr kennt mich nicht, aber ich kenn euch.
Wir begegnen uns selten, doch treffen uns häufig,
des Nachts oder morgens höre ich euch.
2.50 Uhr summt der Nachtzug vorbei,
3.30 Uhr zieht der Fernzug daher,
4.10 Uhr rollt der Güterzug heran
aus der Stadt durch das Dorf quer ins Land
übers Bett aus Schienen, von weit her nach weit weg,
verfolgt ihr euer Ziel, ich bleibe stets hier.
Meinen Ohren nah, wisst ihr nichts von mir.

Nachtzug - einst war ich mit auf deiner nächtlichen Fahrt,
die Erinnerung klingt, wie dein Tempo es singt
über Gleise hinweg, ich war noch ein Kind
mit Familie in vier Kojen zum Sommerziel hin.

Fernzug - neuvermählt den Bahnpfiff mit Fernweh erleben,
doch zeitlich knapp, rollendes Glück zu erreichen,
Nachbarschaftshilfe ließ Sorgen weichen,
wir webten sie später ins Erinnerungsleben.

Güterzug - alles zum Leben, schwer oder lustvoll beladen,
so nehme ich wie du die Tagesreise auf,
verlässlich liefern wir werte Fracht
bringen Gut und Erfahrung mit in den Tag.

Heute hör ich euren Klang immer gern, immer neu,
bringt Ruhe den Gedanken zum Tagesbeginn,
Zug um Zug ziehen wir durch unsere Leben
irgendwann zum Endbahnhof hin.

Gestaltungsspielraum

Er ist auf der Lauer, wartet geduldig, wartet, bis eine Gelegenheit sich bietet. Er ist immer guter Dinge, wenn er die Möglichkeit hat, sich zu zeigen, sein Programm abzuspielen. Eigentlich ist er immer da, nur merke ich das nicht. Erst wenn er aktiv wird, etwas vor sich geht, dann weiß ich, ach ja, den gibt's ja auch noch. Wenn es dann soweit ist, tritt er ohne Ankündigung aus der hinteren Reihe, von der rechten oder linken Seite nach vorne, ist einfach da. Dass er schalten und walten kann wie er will, war nicht immer so, das hat er sich erarbeitet. Seit der Zeit schnell erfolgsverwöhnt hat er nie eine Niederlage hinnehmen müssen, kam immer zum Ziel, konnte seine Arbeit stets zum Abschluss bringen. Für sein Auftreten wird er nicht geliebt, das weiß er, das macht ihm nichts aus. Wahres Glück kann nur aus dir selbst entstehen, das las er mit mir vor vielen Jahren auf einer Postkarte in der Fußgängerzone. Er lachte und es wurde sein Slogan, seine Motivation für immerzu verlässliche Arbeit mit Erfolgsgarantie. An ausladenden Boni und Belobigungen ist er nicht interessiert, will nur sein Talent an den Mann, an die Frau, d.h. an mich bringen, ja, das tat und tut er bis heute. Ist ein Auftrag erfüllt, ruht er sich aus, sammelt Kraft und beschäftigt sich mit den Vorbereitungen für den nächsten. Das erfordert gute Planung und Organisation bei einem so großen Kundenstamm wie dem Seinen. Naja, Kunden sind es nicht wirklich, denn freiwillig nimmt keiner seine Dienste in Anspruch, selbst ich sage nicht, kommen Sie doch mal bei mir vorbei, niemals hört er das!

Er selbst spricht gern von Patienten und dabei ist ein ironischer Unterton nicht zu überhören. Allein dieser

Zug wirft kein gutes Licht auf ihn, lässt sein gesamtes Auftreten mehr als fragwürdig erscheinen, wäre Grund genug, ihn zu bekämpfen. Aber, das funktioniert nicht, keine Auseinandersetzung, keine Diskussion kann ich gewinnen. Aller Abwehrmaßnahmen zum Trotz muss ich mich auf ihn einstellen.

Weil er nicht gewollt, nicht willkommen ist, fällt er nicht als Erster bei mir mit der Tür ins Haus. Es gehört zu seiner Taktik, Vorboten auszusenden, die, leise aber deutlich, erst klitzekleine, dann größer werdende Zeichen setzen. Dann erst tritt er selbst auf, nimmt das Ruder in die Hand, macht die eigentliche Arbeit und die macht er blindlinks. Blind wie sein Name bleibt er nicht, wenn er in einem meiner Augen überfallsmäßig zur Sache kommt. Seines Namens wegen sollte niemand ihn geringschätzen, so als sähe er nicht, was er da tut. Er sieht, was er tut, nutzt aktiv seinen Gestaltungsspielraum in meinem Gesichtsfeld. Von hier auf jetzt drängt ein Flimmern aus irgendeiner Augenecke hervor, wird größer, wird zum Flimmerbogen. Als wenn ich in ein starkes Licht schaue, blenden kleine zackenartige Blitze auf, wandern durch das gesamte Blickfeld. Nichts geht mehr, klares Erkennen von allem um mich herum ist nicht möglich. Der ‚blinde Fleck' zwingt mich zur Pause. Beim Autofahren, beim Haushalt, beim Fernsehen, beim Busfahren, beim Shoppen, beim Putzen, beim Essen. Ich muss anhalten, aufhören, stehen bleiben, alles beiseitelegen, mich setzen, die Augen schließen und warten, dreißig Minuten warten, dann ist der kleine Spuk vorbei und der große beginnt. Schmerzen laden sich ab, in meinem Kopf reicht das für 72 Stunden. Helfen tu ich mir mit einer Tablette, kann den Schmerz besänftigen, bin wieder Herrin meiner selbst. Und dann ist wieder alles gut, so als wäre nichts gewesen. Bis um nächsten Überfall, mit viel Gestaltungsspielraum für den ‚blinden Fleck'.

Manfred

Fünf Jahre Volksschule, fünf Jahre Frau E., hellrötliches Haar, immer frisch onduliert, immer im Kostüm, streng ist sie, ich mag sie.
Jeden Morgen holt sie uns vom Schulhof ab, führt uns in die Klasse, Zweierreihen müssen es sein, sonst geht sie nicht, sie wartet und dann wird der Kinderhaufen eine Reihe.
Alle finden, alle haben einen Nachbarn, ich habe keinen, ich bleibe übrig wie im Sportunterricht, ich bleibe immer übrig, ich muss mich hinten anstellen, da steht Manfred, er lächelt mich an, Manfred ist auch übriggeblieben.
Da stehe ich dann, in der letzten Reihe,
mit dem dicken Manfred, den keiner mag, er ist so dick, vor uns 32 Tornister, 32 Hinterköpfe und lautes Gebabbel.
So, dann los, ruft Frau E. und los geht's.
Alle hinter ihr her, durch den Haupteingang, dann hinten rechts, immer gleicher Klassenraum, immer gleicher Geruch am Morgen, Bohnerwachs, abgestandene Luft.
Tornister abstellen, Sachen auf den Tisch, Mund zu.
Einige bummeln, einige kichern, ich sitze, Augen nach vorn, nicht trödeln, bitte Ruhe, ruft sie, guten Morgen zusammen, guten Morgen Frau E., der Unterricht beginnt.
Ihre Tochter ist ein Vorbild, sagt sie bei jedem Elternsprechtag meinem Vater, da ist dann zuhause auch meine Mutter stolz. Ich aber hätte so gern eine Freundin in der

Reihe und nicht den dicken Manfred.
So geht das fünf Jahre, jeden Morgen, immer Zweierreihen, immer Manfred. Beim Abschied aus der Volksschule sagt Manfred zu mir: Du hast mich nie geärgert, du bist immer mit mir in der letzten Reihe gegangen, du warst eine wirkliche Freundin, danke!

Danke, Manfred!

Eine gewisse Ahnung

Schlafblinzelnd zur Nacht noch ein Gruß von Absicht und Wille, im Abschied von Tag und Tun wandeln sie nochmals heran. Zulassen ist mein Bedürfnis, tauche ein ins Zentrum, dem Zwischenraum von Sollen und Wollen. Doch er kommt, der Schlaf, darf schalten und walten.
Alles erhebt sich vom Grund der Beklemmung, die Schwebe von Schlaf und Traum löst alles, das Netz der Unsicherheit entlässt tagbindende Gefühle.
Fließend im Strom der Atemwelle, sieht mein Herz den Weg.
Vom Geist begleitet und befreit, ergeben sich Aufgaben neu, tragen in sich eine gewisse Ahnung vom Sinn des Ganzen.
Weit entfernt vom Traumnebel rückt leise Unruhe heran. Hinter der Gardine zieht das Morgenrot auf, trennt ohne Hast die Nacht vom Schlaf, bindet den Tag an mich neu und sacht.

Echo

Sie denkt, die Bäume tragen heute viel Grün. Jetzt ist es ein sattes Grün, Hochsommergrün. Sie sitzt in einem kleinen Sessel, gerichtet zum Fenster, Blick in die Bäume und ins Blau. Sie denkt, ganz viel Blau gibt es heute Morgen, das ist gut, da ist der Himmel.
Die Finger spielen mit dem Ring, ihr Geist wach, ihre Gedanken klar, ihre Uhr zeigt 8.30 Uhr. Sie denkt, zählt nach, seit 25 Minuten, sie zählt genau, seit 27 Minuten ist Pluszeit.
Hinter ihr geschäftiges Treiben, sie bemerkt es kaum. Ab und zu Geräusche, die zugeordnet werden wollen, das gelingt nicht recht, muss auch nicht, ist ihr keine Mühe wert, anderes braucht Aufmerksamkeit, braucht Richtung. Ob sie einen Kaffee möchte, wird sie gefragt. Ja gerne, sagt sie. Ob sie auch Frühstück wolle? Nein danke. Ob man sonst noch etwas für sie tun könne? Nein danke. Ist das Stören oder Sich-kümmern?
Sonne scheint auf das Kaffeegedeck, das man ihr hinstellt. Kleines weißes Platzdeckchen auf kleinem grünem Tablett, Tasse und Untertasse grüngelb, passendes Kaffeekännchen und eine kleine Vase mit Gartenblumen. Das ist eindeutig Sich-kümmern.
Sie telefoniert, drei Nummern, drei Teilnehmer, dreimal Konzentration. Die hat sie geübt, die hat sie gelebt, erst wochenweise, dann tageweise, dann stundenweise und von gestern Mittag bis heute früh minutenweise. Absolute Aufmerksamkeit war da nötig, Aufmerksamkeit auf das, was da passierte, hinter der Tür von Zimmer 7, rechts neben ihrem Sessel. Uhrzeitblick 35 Minuten Pluszeit.
Sie richtet sich auf, um besser in den Gartenhof sehen

zu können. Angestellte laufen vom Parkplatz zum Hintereingang des Hauses, einige bleiben mit Zigarette stehen, andere verschwinden im Eingang. Wind kommt auf, Baumwipfel schwingen, die Sonne bleibt und wird stärker. Sie denkt, gut, dass die Sonne da ist, das tut gut heute Morgen. Sonne ist immer gut für ihre Seele. Sie ist im Sommer geboren, den Winter mag sie nicht. Ihr Blick geht sechs Etagen hinunter ins Gelände und die Perspektive ändert sich.

Ihr Blick wandert in den Gartenrundgang. Sie beobachtet gerne. Menschen, klein wie Spielzeuge sind auch da unterwegs. Eine Frau läuft mit Hund, der Hund läuft ohne Leine. Sonnenschein und Blätter und Bäume und Wind. Sie denkt, der Kaffee soll nicht kalt werden, sie trinkt, unaufgeregt, ohne Anschlussgedanken.

Man informiert sie, wenn sie möchte, könne sie jetzt ins Zimmer. Sie warte noch, sagt sie und beobachtet weiter. Die Frau mit Hund und der Hund ohne Leine laufen jetzt in die andere Richtung und die Perspektive ändert sich. Sie nimmt bekannte Stimmen hinter sich wahr, richtet sich auf, verlässt den kleinen Sessel. Das Kaffeekännchen ist leer, zwei Tassen sind getrunken, drei Menschen umarmen sich. Sie sagt, lasst uns reingehen. Sie gehen ins Zimmer 7, rechts neben dem kleinen Sessel, erst der Jüngere, dann der Ältere, dann sie. In ihr Spurensuche nach dem, was hier eben noch da war und jetzt nicht ist. Unbemerkt schließt sich die Tür hinter ihnen, Uhrzeitblick 50 Minuten Pluszeit.

Nach einiger Zeit verabschieden sie sich vom Personal der Etage, gehen zum Aufzug, gehen aus dem Haus, gehen zum Auto. Stille legt sich wie ein fein gesponnenes Netz zwischen sie. Geist und Stimme halten Austausch

mit Verstand und Ruhe. Der Ältere fährt, der Jüngere schaut aus dem Fenster. Man verabredet sich später zum Essen, sie steigt aus, geht den gewohnten Weg, betritt das Haus. Uhrzeitblick 140 Minuten Pluszeit.
Sie steht im Eingang, steht unentschlossen verloren. In Routine gewohnt, schließt sie die Haustür. Das Klingeln des Schlüsselbundes ruft, du bist zuhause! Zuhause ist der Beginn für Herz und Wille, die Haltestelle zwischen Morgen und Abend, der Ausgangspunkt für Tun und Leben, der Ruheort zwischen Feierabend und Arbeitsbeginn, home sweet home genannter Ort, ein Treffpunkt für seine Besucher, das Drehkreuz für seine Bewohner. Hier ist ein Zuhause, gewebt aus Herz und Geist und Hand und Bauch, ein Zuhause, gelebt mit Ordnung und Dingen und Gottvertrauen. Auf Schiefer festgehalten: Zuhause ist, wo man bleibt, wenn man geht.
Sie geht einen Schritt weiter und hört es und nach dem nächsten Schritt weiß sie, der Schlüsselklang ist anders, da fehlt etwas, ihm fehlt die Fröhlichkeit mit dem Gefühl von Sicherheit. Kälte kriecht, Kälte im Hochsommer. Sie setzt sich. Im Kopf kreist der Schwindel und im Herzen hallt das Echo, ein Echo aus Bild, Wort und Ton. Sie schließt die Augen, es ist gestern Mittag.
Seine Arme weit ausgestreckt, offen ihr entgegengehalten, mit einem Satz wie ein Auftrag. Dann kniet sie am Bett, eine feste Umarmung, nah beieinander sprechen beide diese drei Worte, ein tiefer Kuss, Tränen verlieren weiteres Reden im Herzrauschen. Nicht aber dieser eine Satz, der brennt sich ein, tief ein, mit Gefühl und Bild und Raum und Zeit wird er dort eingebrannt bleiben. Alles, was sie mit ihm…
Das Telefon klingelt, sie geht nicht ran, es stört eindeutig.

Sie steht im Badezimmer, zieht sich aus, will unter die Dusche. Das müde Gesicht im Spiegel überrascht nicht. Sie nickt ihm zu, dann lässt sie Wasser und Tränen laufen. Salztränen lösen sich im Süßwasser. Alles, was sie mit ihm bis gestern erlebt hat, liegt in diesem Satz, im Wasserrauschen hallt sein Echo: ‚Da kommt meine tapfere Frau'. Sie war tapfer seit der Diagnose im ersten Vertrauen und späteren Misstrauen in Ärzte, bei der Übersetzung der medizinischen Befunde und beim Blick aufs letzte Röntgenbild.

Sie ist tapfer zwischen Warten und Hoffen und Ahnen und Wissen, um doch mit ihm über die Endgültigkeit zu reden.

Sie bleibt tapfer, wacht in der Nacht, ihr Bett neben seinem Bett, hält seine Hand, horcht die Stunden hindurch, sieht dem Unfassbaren ins Auge, sieht das letzte Aufbäumen seines Körpers, sieht die letzten Pulsschläge an seinem Hals, hört das Aushauchen seines Lebens, muss ihn gehen lassen, berührt sein noch warmes Gesicht, nimmt das Ende an und sitzt und weint und schaukelt wie ein Kleinkind im Bett neben seinem Bett.

Sie wird tapfer bleiben, ihn beerdigen, ihre Rede halten, ihre Pluszeit leben. ‚Zeit ist Gnade' wird später in der Anzeige zu lesen sein. Sie nickt ihrem Spiegelbild wieder zu, tauscht Uhrzeitblick gegen Kalenderblick, heute ist Tag eins im Danach.

Tage und Wochen folgen, sie lebt immer nur das Heute. Ihr Kalender sagt, die Trauer wird dich durch das erste Jahr schieben. Ihr Verstand sagt, du wirst in dein Haus wie in dein neues Leben hineinwachsen. Ihr Glaube sagt, vertrau auf die Zeit, Gott hält deine Zeiten. Und ab und zu grüßt man sie. Wie geht es dir denn? Ich bewundere

dich, so allein im Haus und mit allem, was so kommt. Sie zwingt sich mit Freundlichkeit zu kurzer Antwort. Das ist sicher nicht einfach, alles allein entscheiden zu müssen? Wenn ich was tun kann? Ist das Stören oder Sich-kümmern? Und wie du das alles schaffst, einfach tough, wie du mit der Situation umgehst! Das ist eindeutig Stören. Sie schüttelt innerlich den Kopf, ihre Gedanken suchen immer wieder die Ruhe im Sonnenschein, in den Bäumen und im Blau da oben, denn da ist der Himmel.
Sie denkt, die Bäume tragen wieder viel Grün. Es ist jetzt ein frisches Grün, Frühlingsgrün. Die Sonne ist schon da und wird stärker. Sonne ist immer gut für ihre Seele. Sie ist im Sommer geboren, den Winter mag sie nicht und es war der schwerste Winter, den sie in ihrem Leben bisher gelebt hat. Manchmal dreht sie Herz und Gedanken gen Himmel, lächelt und sagt, ich bin tapfer, nicht tough!

Seelensätze

Dann ist das eben so, dass das heute so ist, dass es so war, wie es war. Das mit dem ‚Es ist so wie es ist' ist so eine Sache. Ich weiß gar nicht, wer das so bestimmt hat, dass es dann so ist, wie es ist. Nicht viel anders sieht das rückwärts aus, dass es dann so war, wie es war, naja, dann kann man nichts mehr dran ändern. Oma sagte immer, das ist dann so, ein Freund meint öfter, so sieht das aus, was wohl aufs Gleiche herauskommt. Meine Mutter sagt immer, da muss man durch, nur Geduld. Als Kind fand ich das immer doof, denn ich wusste, dann gab es nichts mehr zu ändern, an der Lage oder so, nicht mehr zu verbessern. Ich musste das so hinnehmen meist mit Trotz

und Tränen, wie z.B. Zahnschmerzen, blaue Flecken oder eine schlechte Note. Mir ging es dann eben so, wie es gerade so ging, meist nicht gut.
Ich überlege, ob mein Onkel etwas Ähnliches meinte, wenn er sagte, genauso wie es kommt, ist es gedacht und das ist gut, denn sonst kann nicht kommen, was noch kommen soll und das wäre doch schade. Vielleicht meinte er mein Größerwerden, sein Älterwerden oder den Lottogewinn, obwohl er nie Lotto spielte.
Das ist dann so, sage ich heute, wenn ich etwas stehen lasse, wenn ich auf etwas nicht weiter antworte, wenn ich mich enttäuscht zurückziehe, wenn sich etwas nicht so entwickelt, wie ich es möchte, wenn ich etwas ganz und gar nicht mehr ändern kann. Das passiert heute oder morgen, zuhause, bei der Arbeit, beim Einkaufen oder bei der Freundin und jetzt sitze ich hier wieder, so ist das.
Seelensätze helfen, einen Punkt zu machen, etwas auszuhalten, etwas zu überstehen, meist ist es die Zeit, mit der gerungen wird.

Struppig kurz (in einfacher Sprache)

Am frühen Abend setzt sich Feldmann an den Küchentisch und denkt nach.
Nachdenken kann Feldmann gut, denn er hat einen großen Kopf. Seit er ein Kind war, weiß er, zum Denken braucht man einen großen Kopf. Deshalb ist Feldmann froh, dass er seinen immer dabeihat. Man weiß ja nie, hatte Oma Meng ihm gesagt, wann die wirklich wichtigen Gedanken kommen, wann ein Rätsel zu lösen oder eine bestimmte Straße zu suchen sei.

Oma Meng war eine kluge Frau. Oft hatte sie Feldmann ein Marmeladenbrot geschenkt. Da war er sieben oder acht Jahre alt. Da war er meist auf dem Nachhauseweg von der Schule. Oma Meng stand am Fenster, rief: Hallo Strupp, winkte sie ihn heran und reichte ihm die Brotscheibe mit der roten Leckerei. Strupp aß sie gleich an Ort und Stelle, wischte sich die Marmeladenreste mit der Hand vom Mund und die Hand an seiner Hose ab. Zwar hatte Strupp ein Taschentuch in der linken Hosentasche, doch da würde seine Mama später die roten Flecken entdecken. Nein, das Risiko wollte er nicht eingehen. Mama hätte nachgefragt, was das Rote im Taschentuch sei. Ob er eine Rauferei mit Nasenbluten in der Schule gehabt hätte, oder was anderes. Woher kommen sonst die roten Flecken. Strupp wollte nicht lügen, also keine roten Flecken ins Taschentuch bekommen.
Oma Meng freute sich jedes Mal, wenn er das Brot aufgegessen hatte. War lecker Strupp?, fragte sie. Dabei strich ihre Hand kammgleich durch sein Haar, struppig kurz, wie immer. Oma Meng war nicht seine richtige Oma. Die richtige war gestorben, als er ganz klein war. Und dass er noch eine Oma hatte, wusste er erst, als er mit seinen Eltern zu einem Treffen auf den Friedhof ging. Die zweite Oma war auch gestorben.
Für Strupp Feldmann war Frau Meng seine Oma. Irgendwas in ihm sagte, eine Oma ist so wie Frau Meng. Alles, was sie sagte oder tat, machte ihm ein gutes Gefühl im Bauch. Das Gefühl war so ganz anders, als das, wenn er an der Schultafel eine Aufgabe rechnen sollte. Die Lehrerin, Frau Derselius beobachtete ihn dann immer. Feldmann seufzt, das alles ist so lange her. Er erinnert sich aber gut daran. Das Bauchgefühl war bei Oma Meng schön und bei Frau Derselius nicht.

Feldmann denkt weiter nach. Er ist der Ansicht, jetzt mit über sechzig Jahren sieht sein Problem etwas anders aus als damals. Obwohl er immer noch einen großen Kopf hat, merkt er seit einiger Zeit etwas Komisches. Alles, was er so zu denken hat, findet jetzt nicht immer Platz in seinem Kopf. Er findet auch die gedachten Gedanken nicht mehr so schnell wieder. Seine Zunge macht nicht mehr so richtig mit. Er kann nicht immer Antwort geben, wenn man ihn etwas fragt. Das macht ihm Sorgen. Denn er will nichts anderes als den Gedanken, weiterhin ein aufgeräumtes Zuhause in seinem Kopf bieten. Das sind immer viele Gedanken. Die kommen an einem Tag mal voebei, wünschen ihm einen guten Tag, oder bleiben gern auf eine Tasse Kaffee oder zwei.
Feldmann hat sich inzwischen eine Flasche Bier geholt. Er trinkt zwei große Schlucke, denkt weiter nach. Alles in allem betrachtet, fühlt er sich in einer misslichen Lage. Missliche Lagen mag er gar nicht. Denken wollen, reden wollen, aber nicht können, das gefällt ihm nicht. Dieses Nichtkönnen, Nichtweiterwissen macht ebenso kein gutes Gefühl wie damals bei Frau Derselius.
Was würde Oma Meng jetzt raten, fragt er bedrückt in sich hinein. Er fährt mit der Hand über seinen Kopf, seine Haare sind weniger geworden, doch struppig kurz, wie immer. Da gibt es nur einen, der helfen kann, hätte Oma Meng gesagt. Allgemein macht der sich zwar selten auf den Weg, seinen kurzen Besuch aber mag jeder. Wenn er kommt, gibt dir einen Hinweis. Dann liegt es an dir, wie es weitergeht, hatte sie damals erklärt.
Die Standuhr schlägt zur vollen Stunde. Die Bierflasche ist leer getrunken und Feldmann hat lange genug nachgedacht. Nicht länger nur dasitzen Feldmann, sagt er sich,

davon wird's nicht anders. In die Garderobe setzt er seinen Sommerhut auf, nimmt seine Taschenlampe, seinen Feldstecher und seinen Kompass aus der Kommode. Er macht sich bereit für die Suche nach der Hilfe. Oma Meng hatte ihn schon früher für seine Gedankenfindungsprobleme in Aussicht gestellt. Feldmann zweifelt noch kurz, ob es zu schaffen ist, das Problem mit der Zunge zu lösen. Er ist aber guten Mutes, die Menge seiner früheren Gedanken wieder unter einen Hut, genauer unter seinen Hut zu holen. Mit diesen Überlegungen traut sich Feldmann noch einen Schritt weiterzugehen. Seine Zunge würde das mit dem Helfer sicher alles mitkriegen. Wenn sie dann merkt, dass die Worte wieder da sind und wieder gesprochen sein wollen, könnte sie wieder richtig mitmachen. Zur Sicherheit aber legt er noch den Jutesack aus dem Einkaufskorb auf den Küchentisch. Der ist groß genug, um Gedanken darin aufzubewahren, wenn's dem Kopf mit dem Denken doch zu viel werden würde.

Einen Versuch ist die Suche allemal wert, denn Feldmann hatte früher in der Schule diesen Helfer mal getroffen. Da wusste er auch nicht mehr weiter so wie heute.

Wie in einem Wartezimmer auf der grünen Wiese rückt Feldmann den Küchenstuhl ans Fenster, sieht in den Garten. Seiner Erinnerung nach ist das Aus-dem-Fenster-sehen für die Suche und das Finden des Helfers besonders wichtig.

Es war in der siebten Klasse, es war die Biologiestunde, er sollte über die Keimung von Samen sprechen. Strupp hatte gut gelernt, war aber sehr aufgeregt, überlegte und überlegte, nichts fiel ihm ein, er wurde nervös. In der Klasse tuschelte man bereits, als der Lehrer sagte, Strupp, nu red' schon, oder sollen wir warten, bis es dunkel ist?

Strupp sah aus dem Klassenfenster, sein Blick verlor sich sekundenlang im Draußen. Es schneite, der Schnee blieb liegen, auf dem Schulhof, auf den angrenzenden Felder an der Landschule, es war noch hell. Dunkel, hell, kalt, blitzte es in seinem Kopf und gleich noch einmal, dunkel, hell, kalt. Alles Gelernte war wieder da. Strupp berichtete fachkundig über Dunkel -, Licht - und Kaltkeimer. Alle aus der Klasse klatschten und er erhielt ein dickes Plus ins Notenbuch des Lehrers. Oma Meng meinte später, ich hab's immer gewusst, es steckt so einiges in deinem Kopf, dabei fuhr ihre Hand kammgleich durch sein Haar, struppig kurz, wie immer. Bis Strupp Feldmann die Landschule verließ, hatten der Helfer und er noch ein paar weitere Treffen, waren irgendwie Freunde geworden.
Jetzt ist Feldmann durch seine Erinnerungen sicher, wenn sein Kopf leer scheint, er nicht weiterweiß und nervös wird, wird der Besuch wiederkommen. Der Helfer verausgabt sich zwar für einen kurzen Moment, bringt aber dazu ein Licht mit, dem keine Glühbirne gewachsen ist, hört Feldmann Oma Meng flüstern. Dass er kommt, dazu braucht er nur einen Kopf, mit Haaren wie deine, vorzugsweise struppig kurz.
Feldmanns Sorgen beginnen sich aufzulösen. Er meint Oma Meng am Fenster zu sehen. Sie reicht ihm ein Marmeladenbrot. Dann tippt sie sich mit der Hand an ihren Kopf und Feldmann fällt etwas Kluges von Oma Meng ein: Ob viel und wenig in einen Kopf passt, ist nicht wichtig, das Entscheidende ist, dass etwas im Kopf ist und wie man das nutzt. Und bei dir, Strupp Feldmann ist immer genug im Kopf. Du musst wissen, manche Gedanken verschwinden nur, weil ein anderer Mensch sie gerade braucht.

Feldmann richtete sich auf und wiederholt: Bei mir ist immer genug im Kopf. So einfach ist das. Dann steht er auf, schiebt den Stuhl zurück an den Küchentisch, räumt Sommerhut, Feldstecker, Kompass und Jutesack weg und holt eine zweite Flasche Bier.
Er trinkt zwei Schlucke, geht wieder ans Fenster. Sein Blick verliert sich sekundenlang im Draußen. Feldmann lächelt, der Geistesblitz hat mich nach langer Zeit wieder besucht, prostet er dem Himmel zu. Dabei ist ihm, als fahre eine Hand durch seine Haare, struppig kurz, wie immer.

Zeiten leben

Kindheit klein, Jugend fein,
groß werden,
allen gefallen, nicht auffallen,
Schule hier, Gemeinde dort,
Familie immer, alles am Ort.
Not nie gespürt, kein Wort zu viel,
keine Umarmung zu wenig,
wenig Taschengeld.
Ohne Barbie, ohne Ken,
aber eine andere Pflicht,
ein Instrument mit Unterricht.
Disconächte ohne mich,
Mama ohne Papa gab es nicht,
Lernen und Träumen im Gleichgewicht.

Ehe üben, Familie werden,
Isla Mallorca mit Sonnenstrand lieben,
ins Zuhaus verlieben, im Beruf bestehen,

Arbeitsstreben voller Segen.
Alltagstun und Sonntagsblick,
Jahre ziehen im Fotoklick.
Besuch der Kinder, Liebe und Zeit,
Rückzug in die Zweisamkeit,
Roller, reisen, Natur erleben,
lachen, küssen, Pläne schmieden,
Hände halten, Heimat sein,
wunschlos glücklich hundertfach,
da zeigt der Tod uns seine Macht.

Versteckt, verdecktes Tränenreich,
nicht einsam doch allein, gar nicht leicht,
handeln, denken, neues Maß,
dabei die Frage, kommt noch was?
Ja, raus aus dem Haus!
Gemeinde und Leben mit Schreiben verweben,
reisend entdecken natürliches Glück,
mutig wagen den Aufbruch ans Meer,
eine neue Welt entführt Stück für Stück
und Draußen sein wird Heimat werden.

Leicht verblichen

Guten Tag,
was für eine Freude, von dir zu lesen, wie es dir ergangen ist? Danke für deine Worte über unser Zusammengehören in den Zeiten unserer Jahre.
Ja, das war schon so eine Sache, als ich vor Jahr und Tag den Auftrag erhielt, mich an dich zu binden, ohne dich einzuschränken, mit dir zu leben, ohne an dir zu kleben. So wie du bin auch ich gealtert, du sprichst es deutlich an, meine Farbe ist schon leicht verblichen, meine Reißfestigkeit wird bis zum Ende weniger. Es wird unser gemeinsames Ende sein, aber lass uns jetzt nicht daran denken. Wie ich mitbekommen habe, hat sich einiges nach deinem Brief an mich (s. ‚Geteilte Tage') getan. Was soll ich sagen, zum Besseren, zum Lebenswerteren, oder sagen wir zum Guten? Nun, ich war dabei und kann sagen, ja, gut sieht in deinem Leben aus.
Wunderbar, wie du dein Glück ‚schreibtechnisch' selbst in die Hand genommen hast, wie du dich getraut hast, eine unbekannte Landschaft zu erkunden, wie du alles auf eine Karte, nein, auf den Gärtner gesetzt hast, wie du Haus und Geld deinen Kindern zu Händen gegeben hast, wie du dich mit wechselndem Hier- und Dortsein neu eingerichtet hast. Ich merke, du bist zufrieden mit dem, was ist. Das können nicht viele Menschen in deinem Alter von sich sagen.
Wie gesagt, so versprochen, ich begleite dich auch weiterhin in deinem Leben, bin bei dir und sehe dein Tun, umbinde dich sacht, der rote Faden deines Lebens.

Penelope Fin

Juten Dach,
ja, dat hat man misch jesacht, hüt kommen se von de Zidung, se wolle wat över misch schrieve, setzen se sisch, se han Jlük, isch han hüt nich vill ze donn, isch han Ziet, de Azubi hät vorjearbit, isch muss nur noch vordeile.
Hüt is wennich Post för de Mannschaft, naja, et is Mittwoch, da is datt e immer su. Mondach und Donnersdach han ich immer vill ze donn, da könn' se de Bejriff „Berje von Post" wötlich nemme.
Jede Dach mach isch menne Rundjang, esch „obe", dann „unne". Obe, dat is de 4. Etasch, da sin de Büros von de Leut, de wat ze sare han, sinn tun se da selten jemand. Unne, dat is de 3. un de 2. Etasch, da sin de Büros von denne, de in de 4. Etasch wolle, dat aber noch nich dürfe. Dat weeß isch jenau, mit de Sekretärinnen von demm Personalbüro kann isch jut. Dat Personalbüro liesch in de 1. Etasch, im Jang jlich vorne räts, zwie Frauensleut sitze do, de Fr. Fries un de Fr. Lefelt, bede nett, kann man nisch angers sare, han immer wat ze lache un en monn scheri för misch. „Erst an die Türe klopfen, dann eintreten – Letzteres nicht wörtlich nehmen!" Dat steht uf demm jroße Aufkleber uf de Dör, da han ich jlich jewosst, de sin ok.
Janz onge is de Empfang un de Stöhl för de Besök, de Zentrale för de FaszilityMann, also för misch un et jibt en jroße Pausenraum. Automaten för alles stonn da erüm, de Leut nehm'n sich ja nix mie von zuhus met, is denne wohl ze fein. Wenn se Pizza oder wat angeres han wolle, müssen se dat bestelle, dat wed dann in de Pausenraum jebracht. Sushi is jo emmer dobie, ville usem Hus wolln

dat, ich han dat mal be de Fr. Fries probiert, ever dat ist nix för misch, rohe Fisch un Pappries, injerollt in nasse Blätter, nee, dat is nisch menne Fall.
„Bestellungen müssen im Pausenraum abgeholt werden“, dat stun auf,m Schild an de Wand, keene Fremde darf dosch dat Hus laufe. Top sekret, sach isch nur, top sekret, besongers in de 3. und 4. Etasch, da sin se all schwee beschäftigt, keenne soll da störe. Wie jesach, jesinn han isch da noch nie eene, un isch bin jetz zwölve Johr he.
Von 8 bis 3 bin isch he un domit beschäftischt, täschlich de Post un de Zidunge in de vier Etasch ze bringe, Injangspost vordiele, später Usjangspost ze sammelen, und durch die Frankiermaschine ze schicke. Hüt lüft ja vill met de Emails, ever isch han immer jenug Brefe för de Post. Jaja, isch kenn de Etaschen, kenn de Büros, kenn de Nomen von de Sekretärinnen. Isch han en jutes Jedächtnis, in de Schull wör dat schone so, Nome konnt isch misch schnell merke, bis hüt wess isch de all von denne, de in min Schollklass jegange sin. Ever de Minsche hinter de Nome uf de Brefen för de Etasch, de kenn isch nisch, dat störte misch un da han ich misch wat usjedach. Nach de 4. Woch he han isch anjefange, ze denne Nome en Gesich un en Jeshicht ze erfinde, dat is en jutes Training. Isch will ja nisch ennes Dachs tüddelisch weede... Janz ehrlich, mache se dat mal, Jeschichten över de Minsche usdenke, de se unerweks so sinn. De Fr. Fries un de Fr. Lefelt han ich meene Jeschichten över se verzällt, de han laut jelach.
Unjewöhnliches, he im Hus? Ja, dat jibet och, erst jestern is misch wat ufjefalle, da han isch ene fremde Nome jeläse, de han isch noch nie he jeläse, unjewöhnlich, nisch alltächlich,

dat sach isch se. Et wör ne jroßformatije Bref, de Adress wör handjeschrieve, de Briefmark wör us Neuseeland, dat is ja wesch, ich han et usjerechnet, drie Woch wör de Bref ungerweks. ‚Etasch 4, Sek. Fr. Sommer' hät jemand angers druf geschrieve. Keene Ahnung we dat wör. Dann han isch de Bref de Fr. Sommer jejeben, is och ne Nette, ever janz angers nett als de Fr. Fries un de Fr. Lefelt. Jetzt han isch äver en Idee, se sin doch von de Zidung, könne se misch villeisch helfe, so inwestiegativ wie in denne Krimis? Isch hann be demm Nome esch woll en Brett vör'm Kopp, wat menen se, we is Penelope Fin ?

Schattenplatz

Unser Garten liegt frühlingsbrach,
ich bitte dich, pflege die Gedankenpflanzen!
Herzensläufig gejährt, greifbar nah für neues Sein,
suchen sie schon nach Austrieb.
Du kennst sie, du warst ihr Sämann.
Hoffnungsvoll gestreut, himmelsnah gesät,
sammelten sie in Winternächten Seelenkraft.
Aber versteckt gepflanzt, schlugen sie nur wenige Wurzeln,
nach Bedürfnis gesetzt, warteten sie auf Nahrung,
unsere Sonne suchend, wurzelten sie nie in der Tiefe.
Aufmerksamkeit vermissend, machte das Daseinswetter
ihr Aufblühen schwer, überlebten zu viele das Winter-
dunkel nicht.
Doch ich bin sicher, ein paar von ihnen harren aus,
überdauern am Gartenzaun, halten uns die Treue.
Unsere Gedankenpflanzen, du kennst sie,
die widerstandsfähigen, den Boden kräftigenden.

Im Wir geboren, geben sie unseren Pflichten die Ruhe,
das Gemeinsame fühlend, das Fernsein begleitend,
halten sie unsere Leichtigkeit aufrecht.
Sei ihr Gärtner,
damit winterharte Setzlinge unseren Lebensdurst überstehen, blütentragende Bodendecker uns Gewissheit geben, freiheitsduftende Immertreu uns Sicherheit zeigen,
und frische Farben unser Wir beflügeln.
Und wir, die einander lichte Baumkronen sind,
halten den Schattenplatz der Hängematten frei.

Innerer Zerfall

Auf dem Tisch verstreut liegen sie, gesammelte Notizen und Postkarten. In allen Nuancen klar, echt und aufgeräumt, erkenne ich die Handschrift, da war mal Leben drin. An Art und Ausdruck hat ihr die Zeit nichts genommen, aber alles genommen von dem, was sie mir einst gab, leichte Wehmut kommt auf.
Ein eigener Duft war ihr stets inne. Die Buchstaben in den feinen Zwischenräumen umhüllend, traf er mein Herz mit dem, was der Inhalt versprach, was in ihm lag und es lag so viel in ihm. Mit lockenden Zukunftsgedanken verbunden, hütete die Handschrift das Geheimnis sicher. Manchen Satz wusste ich lange Zeit auswendig, kannte den Tag seiner Entstehung, freute mich über jede neue Zeile. In den Monaten der Abkehr veränderte sich das Geheimnis zu Worthülsen. Unterbrochene Linienführung machte die Handschrift selten, abgestandener Tabakrauch verströmte kalte Leere. Das Besondere hatte sich aufgelöst, verzogen und verwoben mit den Gerüchen und Gerüchten der Großstadt.

Ich lese das Geschriebene, folge der Handschrift.
Gab damals das, was sie mir überbrachte, Vertrauen, Hoffnung, Ziel, berührt sie heute nicht mehr, entfacht nichts Lebendiges mehr, nicht mal eine Träne. War sie je Papier und Tinte wert? In toten Ablagerungen von Auf- und Abschwung, von Ober- und Unterlängen hatte sie sich selbst überholt. Ungebunden rahmenlos machte sie sich und mir etwas vor. Einst tiefes Verlangen verwandelte sich in dumpfe Verlorenheit, Schritte verliefen regungslos im Park, reibungslos zogen die Worte aus dem Wir in die Auflösung. Die Handschrift wollte keine Lüge unterstützen, zog sich gänzlich zurück, als aus dem Versprechen ein Versprecher wurde. Man sagt, nichts geht, ohne etwas dazulassen, doch nicht einmal eine Anerkennung für das, was wir mal waren, war dir ein handgeschriebener Abschiedssatz wert.
Ich sammle die Notizen und Postkarten zusammen, halte sie, alt, brüchig, verstaubt jährt sich ihr innerer Zerfall. Was deine Handschrift einst von dir erzählte, ersehnte und erhoffte, ist schon lange tränensatt zerflossen - und heute im Schredder zerkleinert.

Besenreiner Unsinn

Heute kommt er nicht in Fahrt, kann nicht so richtig aufleben, hat viel nachzudenken. Seinen Gedanken lässt er freien Raum, murmelt etwas vor sich hin und schüttelt immer mal wieder den Kopf. Hatte er doch mitgehört, als die Leute beim Grillfest erzählten, dass manche Menschen zum Lachen in den Keller gingen. Das interessierte ihn sehr. Er ist noch jung an Jahren, hat wenig Erfahrung, will

aber seinem Namen und der Branche alle Ehre machen. Irgendwie schafft er es ja auch, dass ihm Menschen folgen, doch das Irgendwie reicht ihm nicht, er hofft, etwas Neues zu hören, ja besser noch, Neues zu lernen. Dem Vernehmen nach fühlt er sich verantwortlich für sein Metier, weiß man doch land- und stadtweit, dass er prädestiniert dafür ist. Trotzdem hat es nicht immer leicht, seine Arbeit gut zu machen. Neue Wege für Strategie und Überzeugung oder so was Ähnliches zu sehen, zu hören, das wäre sehr gut, wenn jemand hierhin kommt.
Fahles Licht erhellt den Kellerraum, dort, wo er sich in der hintersten Ecke niedergelassen hat. Seit Stunden sitzt er da und wartet. Er, der Unsinn wartet auf die, die zum Lachen in den Keller gehen.
Mich sollte das alles gar nicht interessieren. Ich habe im Garten viel zu tun, bin nach dem Grillfest mit Aufräumen und Putzen beschäftigt. Später muss ich noch Kirschen pflücken und mich um Blumen kümmern, Schnecken machen ihnen das Leben schwer. Da bei der Gartenarbeit der Unsinn nichts zu suchen hat, waren wir in den vergangenen Monaten nie richtig Freunde geworden.
Im Frühling, als ich das Gartenland bearbeitete, grub er kleine Löcher in die Erde und spielte Billard mit Pflanzstange und Blumenzwiebeln. Ich warf ihm gereizt vor, er wüsste nichts von echter Gartenarbeit, sonst würde er den Unsinn lassen.
Davon wollte er nichts wissen, umgekehrt würde ein Schuh daraus, pfiff er mir zu. Im Sommer meinte er, ich sähe alles viel zu verbissen, dabei lief er zwischen den Gemüsereihen auf und ab, als wolle er für den Stadtlauf im August üben. Zuletzt wurde er in unserer Diskussion fast sachlich. Unsinn machen sei medizinisch wertvoll

und wichtig für das Alltagsimmunsystem. Woher hast du denn diesem Unsinn, fragte ich ihn. Sein Bruder, der Blödsinn, sagte er etwas überheblich und flatterte über den Kartoffeln zu den Möhren, probe seit diesem Jahr neue Witze für das Fernsehen und hätte sogar darüber ein Buch geschrieben.

Alles Quatsch und Geldmacherei, lachte ich laut durch den Garten. Beleidigt setzte er sich auf ein Zucciniblatt, ich sei die Einzige, die seine Arbeit nicht schätze. Du und arbeiten, dass ich nicht lache, du machst Arbeit, warf ich ihm an den Kopf und eine faule Tomate gleich dazu.

Seit dieser Unsinndebatte haben wir uns nichts zu sagen. Ohne mich zu fragen, nahm er an diesem Tag meinen guten Besen, schwebte damit zum Kellerabgang und murmelte, er müsse sich jetzt um seine Fortbildung kümmern, den Platz in der Kellerecke sauber kehren, denn es gehe nicht an, dass er im Dreck sitzen müsse, während die Kartoffelkiste sich so breit mache. Damit verschwand er ins Halbdunkel.

Dieses Jahr gab es eine passende Mischung von Regen und Sonne, die Ernte fiel üppig und gut aus. Im Spätsommer war vieles getan, wir fuhren in den Urlaub, genossen Ruhe und Entspannung, ich dachte keine Minute mehr an unseren Untermieter. Gut erholt kamen wir zurück, sahen nach der Post, den Blumen, dem Gartenland, alles war in Ordnung. Viele Blätter waren schon gefallen und ich suchte meinen Besen, da fiel mir der Unsinn wieder ein. Hallo Unsinn, rief ich, als ich die Kellerstufen hinunterging, es folgte kein Echo, vom Unsinn keine Spur, aber meinen Besen sah ich gleich. Ein großer Zettel war in seine Borsten gedrückt. Trotz krakeliger Schrift war die besondere Anrede nicht zu übersehen.

Allerliebste Gärtnerin, stand da, es tut mir leid, aber ich musste umziehen. Hier in deinem Keller gibt es nichts, was Menschen zum Lachen bringt. Es gibt nur Spinnen und zwei Mäuse und der Staub tut Lunge und Lachen nicht gut. Also habe ich meine Fortbildungsstätte gewechselt. Deine Nachbarn sind der Grund.
Als ich auf deiner Terrasse mal wieder Luft schnappte, hörte ich Stimmen. Deine Nachbarin war sehr aufgebracht, euch zwei kann man nicht alleine lassen, ihr habt nur Unsinn im Kopf, ich dreh euch gleich auf links und schüttele den Unsinn raus, dann ist Schluss mit lustig. Da hielten sich ihre Kinder vor Lachen den Bauch, deine Nachbarin konnte nicht böse bleiben und lachte mit. Ich denke, bei dieser Familie kann ich was lernen, wenn da wieder Unsinn passiert, möchte ich dabei sein. Lebe wohl.
Ich musste grinsen, ging in den Garten, guckte über den Zaun zu den Nachbarn. Der Unsinn saß auf der Hollywoodschaukel. Er sah zu, wie die Kinder gerade ein Pupskissen unter der Sitzauflage versteckten. Dabei riefen sie, Mama komm, setz dich doch zu uns auf die Schaukel und bring uns Eis mit.

Gründungsfehler

Mir geht es so, wie du das möchtest, sagt er, dreht sich um, geht aus der Tür, schwungerprobt knallt sie hinter ihm zu. Wieder ist es so gekommen, wie es schon oft gewesen war. Wie er das hasst, immer dieses Nachfragen, Nachbohren, wie es ihm ginge, was er denn habe, ob sie was für ihn tun könne. Nein, nein, alles ok. Wie er dieses Ok hasst, nichts ist ok, nicht gestern, nicht heute, schon lange ist nichts mehr ok. Auf der Straße amtet er durch, bleibt stehen, überlegt, in welche Richtung er gehen will. Unschlüssig folgen die Füße dem bekannten Weg aus der Enge der Altstadtstraßen, folgen dem Gefühl der kleinen Freiheit hin zum Fluss.

Müde ist er geworden, müde von seinem Alltag. Es ist nicht die Müdigkeit, die dem Tag, den Aufgaben folgt, die einen am Abend fast selbstverständlich befällt, die vieles schwer macht, die Lust auf Unternehmungen nimmt, die Müdigkeit, die auf die Couch oder ins Bett fallen lässt, nein, diese Müdigkeit ist es nicht. Es ist eine Müdigkeit, die am Morgen bereits vor seinem Bett wartet, die er mit Hemd und Hose gleichsam anzieht, die quer durch den Tag, quer durch seine Arbeit mitgeht, die ohne Grund kommt und bleibt, die Müdigkeit, die am Abend zu Rotwein, viel zu viel Rotwein greifen lässt und die ihn in der Nacht kaum zur Ruhe kommen lässt, zu oft macht die Müdigkeit das mit ihm. Müde machen die fortwährenden Anforderungen, menschenmüde machen sie. Viel Ehe liegt hinter ihm, Jahre mit vielen Was-hast-du-Fragen und genauso vielen Ich-habe-nichts-Antworten. Die Unwucht seiner Ehe hat sich festgesetzt, das war absehbar.

Das Leben mit ihr war ohne Plan drauflos gestartet. Schnell kam das erste Kind, zu schnell das zweite. Das schon zu Beginn krumm gewachsene Zusammenleben wurde Treibgut. In Alltag und Zimmern zog die Gewohnheit ein, beansprucht bis heute ungebrochen weiten Raum.

Man gewöhnte sich an die Unzufriedenheit, schob sie den Umständen zu, Familie werden, Haus bauen, wenig Geld haben, man dachte, nach der Zeit ginge sie vorbei. Dem war nicht so. Man gewöhnte sich an die Uneinigkeit, bei der Erziehung der Kinder, bei Geldausgaben, im Umgang

mit der Verwandtschaft. Unausgesprochen steckte sie zwischen ihnen fest und blieb. Da war es nur eine Frage der Zeit, dass sich beide an eine Unlust gewöhnten, die mit willkürlichem Jetzt-Nicht oder strategischem Nein festgezurrt wurde. Wie über das eigene Konto verfügte bald jeder über sein eigenes Schlafzimmer.
Dem allem zum Trotz sah er sich Zeit seines Lebens als Gleichgewichtsmensch. Ähnlich der Wasserwaage hielt er Aufgaben und Ansprüche in ein ihm gefälliges Lot. Vorausschauendes Austarieren von Geben und Nehmen, Tun und Lassen, Müssen und Wollen ist eine Kunst, die, einmal gelernt, er in Zurückhaltung mit leichtem Lächeln zu nutzen verstand. Ein weiteres kam ihm zugute. Einer Zweitwohnung gleich legte er sich intuitiv ein Zweitgesicht zu. Aufgesetzt bei wiederkehrenden Verpflichtungen trug er es wie eine Maske. Von niemandem bemerkt, fragte niemand nach, wie es sich mit einem Zweitgesicht so lebe. Er lebte zufrieden damit. Suchte er als junger Mann die lohnenden Sachen richtig zu machen, machte er nach den Ehejahren nur noch die Sachen richtig, die getan werden mussten. Selbstverständlich nicht ohne von ihr freundlich zugestanden, einen Ausgleich zu erhalten. Ein lohnenswerter Ausgleich besteht heute darin, dass er am frühen Nachmittag seine Schritte zum Fluss hinlenkt, sich auf eine Bank setzt, allein die Ruhe genießt, Schiffe oder Spaziergänger beobachtet, seine Pfeife raucht. Wie anderen ein Strumpf in der Waschmaschine verloren geht, ist ihm das Zuhausegefühl durch die Jahre verloren gegangen. Er spürt den Verlust der Möglichkeit einer rettenden Umkehr, im ungeschriebenen Ehevertrag war das nicht umzusetzen. Ohne eigenes Selbstvertrauen zu einer Trennung hatte er alle Pläne vorbeiziehen lassen,

tongrau liegt eine Sehnsucht nach Nähe als markiertes Brachland auf seiner Seele. Nicht leidend, aber melancholisch sinnt er der Frage nach, wie er der Müdigkeit im Heute entkommen kann, was für das letzte Lebensdrittel noch wichtig sei.

Beruhigt durch Schiffsverkehr und Wellenbewegungen tritt er kurz vor Sonnenuntergang wieder den Rückweg an. Zieht zurück in ein Haus, das sie immer deutlich ‚Unser Heim' nennt, in dem sie unentwegt von den anderen im weiten Gesellschaftskreis erzählt, von ‚Wir-könnten-doch-auch-mal-Vorhaben' schwärmt. Jetzt brauchen wir nicht mehr müssen, sondern nur, was wir wollen, sagt sie und meint, die gemeinsame Rentnerzeit im Haus erleben, zu reisen oder das machen, was in der Nachbarschaft bei befreundeten Ehepaaren so angesagt sei. Für ihn ist Gemeinsamkeit zur Einsamkeit geworden. Lange Zeit wünschte er sich nur eines, Zeit zu haben, wartete sehnlichst auf die Zeit, die ihm Zeit schenken sollte. Seit er den großen runden Geburtstag hinter sich gelassen hat, wundert es ihn, dass die Zeit ihr Wort nicht halten kann, schlimmer noch, dass sie weniger wird. So sitzt er bald wieder am Fluss, sieht den Schiffen und dem Pfeifenqualm nach, verliert sein Gemüt in Erinnerungen. Vor Jahren, da saßen sie in der Wohnküche, stritten über das Wenn-du und das Weil-du. Kleine Risse wurden sichtbar, reißliniengleich, ach, nicht der Rede wert, jedes Paar streitet mal. Sie meinte, nicht so schlimm, kein Schimmelbefall, nur Stockflecken, die er beheben sollte, könnte, müsste. Pinsel und Farbe gab es genug im Abstellraum des Kellers, so bemühte er sich oft und immer wieder, die Risse verschwanden, doch nur kurzfristig. Übertüncht verliefen sie von unten nach oben, wurden tiefer, veränderten sich

in dunkle Bruchstellen, breiteten sich über alle Wände aus. Das Haus, ihr gemeinsames Leben zerfiel Tag für Tag. Abend für Abend suchte man sich mosaikgleich zu sammeln, wieder zusammenzusetzen, alles gelang nur stückhaft. Nichts verstanden, nichts verändert, denkt er, geht ins Haus, zieht Schuhe und Mantel aus, geht in die Küche, sieht an den Wänden hoch. Schon vor Monaten zeigten die Auseinandersetzungen, dass endgültig nichts zu retten war, nicht für das Haus, nicht für seine Bewohner. Es war so gekommen, wie es sich vor Jahren ankündigte. Nach langem Zögern riefen sie einen Sachverständigen, er besah den Schaden, fasste äußerst aufwendige Sanierungsmaßnahmen zusammen, stellte aber rettungslose Einzelheiten fest, kalkulierte den Verlust. Nachdenklich bescheinigte er beim Abschlussgespräch, das Haus zeige, was auch ein gemeinsames Leben zum Einsturz bringe, es war nicht frostfrei gegründet.
Er geht in sein Zimmer, packt den alten Koffer, nimmt ein lang verstecktes Foto aus seinem Lieblingsbuch, lächelt und geht.

Einsilbig

Er sagt, denkst du?
Sie sagt, nein
Was hast du?
Nichts!
Du hast doch was.
Nein!
Geht es dir gut?
So wie sonst.

Was heißt das?
So weit, so gut.
Ach, mehr nicht?
Nein, ich bin ok.
Dann sprich vom ok sein.
Nein, ich will nicht.
Warum willst du nicht?
Weil es nicht geht.
Wieso geht das nicht?
Schluss jetzt, sagt sie.

Sie sagt, da ist was.
Er fragt, was meinst du?
Es ist da.
Was denn?
Siehst du es nicht, hörst du es nicht?
Nein, wo denn?
Es ist uns ganz nah.
Sei nicht dumm, da ist nichts.
Sag das nicht zu mir.
Gut, aber lass den Quatsch.
Da ist es, ich seh es, das Aus ist da.
Wie bitte?
Das Aus ist uns schon ganz lang nah.
Oh nein, und jetzt?
Tschüss!

Ewiges Versuchen

Er ist früh auf den Beinen, öffnet das Fenster, atmet durch, macht sich bereit. Das tut er öfter, immer wieder, gibt nicht auf, er will es wissen. Heute wird es gehen, sagt er seinem Spiegelbild, das Heute mag ich, das steht mir gut, das Gestern war nicht gut zu mir.

Gestern, da saßen sie zusammen, redeten über mich, sprachen sich für mein Angebot aus, doch, echt fühlt sich anders an, ihr Handeln passte nicht zu ihren Reden, es stimmt, an den Taten erkennt man, was wirklich vor sich geht.

Also heute dann, auf ein Neues, motiviert er sich, das Heute ist eine gute Sache, ist immer einen Versuch wert. Aber Halt, was kommt morgen, wer weiß, was mich morgen erwartet. Stopp, sagt er sogleich, jetzt nicht weiter grübeln, raus auf die Straße, rein ins Leben, in die Häuser, in die Familien, in die Schulen, in die Betriebe, in die Konferenzen, in die Städte, in die Regierungen.

Dann ist er mittendrin, wie immer unerkannt. Da beobachtet er genau, sieht und hört viel, vertraut inständig, äußert sich nicht, vergibt und verzeiht, vergisst nie, verliert nie die Hoffnung, das liegt ihm, das ist sein Charakter. Nur manchmal zweifelt er am Willen und Verstand derer, die da zusammensitzen. Man meint, er sei ein Leichtgewicht, man habe leichtes Spiel mit ihm. Dann sagt er: Es ist ein Irrtum zu glauben, mich schnell in der Tasche zu haben. Jeder muss sich einsetzen, muss was tun, muss dranbleiben, dass ich dableibe. Leider schätzt man mich erst, wenn ich nicht da bin, dabei braucht es nicht viel, dass ich wirken kann.

Was braucht der Friede? Auf den Straßen, in den Häusern, in den Familien, in den Schulen, in den Betrieben, in den Konferenzen, in den Städten, in den Regierungen, im Leben? Nicht viel - offene Ohren, weite Herzen, festen Willen und Demut vor dem Leben - zu viel?

Gelebter Traum

Dem Wischmopp ging es nicht gut. Schon viel zu lange lag er in der untersten Ablage im hintersten Regal beim Discounter. Noch vor einiger Zeit weiter oben eingelagert, wurde er als Ladenhüter Monat für Monat nach unten weiter gereicht. In allen Ablagezonen schloss er Bekanntschaften, erzählte der Kratzbürste, dem Duschschwamm oder dem Silikonbackpinsel von seinem inneren Zustand, beklagte seine äußere Lage und war sich sicher, dass für einen wie ihn, der Discounter kein komfortabler Ort sein konnte. Seine Nachbarschaft schüttelte jedes Mal den Kopf über so viel Unverstand, untereinander tuschelte man über seine Arroganz oder seine Naivität.
Davon nichts ahnend, dachte der Wischmopp immerzu schwermütig an seinen großen Wunsch nach einem besseren Leben. Auch als er bereits auf dem untersten Regalbrett angekommen war, glaubte er an seinen Traum, in bessere Kreise aufzusteigen. Wenn man fest genug an sich glaubt, geht jeder Wunsch in Erfüllung. Seit er diesen Spruch auf einer Karte im Postkartenständer dem Regal gegenüber gelesen hatte, war er sicher, eines Tages ginge auch für ihn der Traum in Erfüllung.
Gestern schien es soweit, ein Mann von Beruf Hausmeister stand vor dem Regal, erklärte seiner Frau, in den unteren Regalen lägen immer die günstigsten Sachen. Er bückte sich, nahm den Wischmopp, genau richtig, sagte er und ging mit ihm zur Kasse. Endlich, der Wischmopp wurde gekauft, d.h. er wurde befreit, war sogleich nicht mehr traurig und freute sich über allen Maßen. Er war sich sicher, in neuer Umgebung werde er mehr geachtet, werde er seine Aufgaben immer bestens erfüllen. Es kam ihm

zwar sonderbar vor, als man ihn spürbar achtlos in einen Jutesack stopfte, wollte er doch gerne die neue Umgebung gleich bei der Ankunft sehen. Vielleicht gerade deshalb malte er sich seinen neuen Arbeitsbereich in wunderbaren Farben aus. Es musste noch anderes geben, als was man allgemein von einem Wischmopp erwartete, nicht nur Böden, Treppenstufen oder Kellerräume putzen, nein.

Er hatte vorausschauend geplant, sich in der Produktionsfirma oft vorgedrängelt, wenn es um Erneuerungen im Putzzubehörsegment ging. Er legte sich freiwillig unter die Fasermaschine, die einen besonders weichen, einer Perücke ähnlichen Aufsatz an seinem Wischmoppkopf anknüpfte. Diese Weichfaser würde es ihm ermöglichen, in Kombination mit duftendem Wasser, erlesener Seifenlauge und zarten Händen immer frohe Gesichter um sich herum zu sehen. Er wusste genau, wie man soft und liebevoll feine Handtaschen, kleine Rollkoffer, schmucke Kommoden oder holzgearbeitete Schreibtische feinsäuberte. Ein Märchentraum für einen Wischmopp wie ihn konnte heute wahrwerden.

Dann lag er auf einem Werkstatttisch. Der Hausmeister holte ihn aus der Packung, wässerte ihn in einem Eimer mit ausgesprochen fies ätzender, weil starker Essiglauge, ging mit beidem zu einem kleinen Holzgartenhaus in den Garten und putze an vielen Stellen die auf den Boden getropfte Schutzfarbe weg. Dem Wischmopp wurde überaus schwindelig, musste sich mehrmals übergeben, wurde wieder und wieder ins Essigwasser getunkt, ausgewrungen und über die unebenen Stellen am Boden gezogen. Als sei das noch nicht entwürdigend genug, fluchte der Hausmeister nach einiger Zeit, Mist, ist nicht alles sauber geworden, da muss ich nächste Woche nochmal ran, jetzt aber ist

Feierabend. Dann klatschte er den kurz ausgedrückten Wischmopp an den Zaun, leerte das Schmutzwasser am Gully aus, räumte auf, schloss die Werkstatt ab und vergaß den Wischmopp am Zaun im Garten. Da lag er und weinte, weinte all das Essigrestwasser aus sich heraus. Das habe ich mir anders vorgestellt, klagte er sich selber an, warum ist das Schicksal so gemein zu mir? Ich habe niemandem etwas Böses getan, ich wollte doch nur... und er schluchzte leise vor sich hin. Es dämmerte, keine Menschenseele war mehr im Garten, alles um ihn herum stellte sich auf die anbrechende Nacht ein.

Und wenn man überaus traurig ist, niemand da ist, der einen tröstet, dann denkt man sicher an die, die immer das Beste für einen wünschen, man denkt an die Eltern. Mit diesen Gedanken wurde dem Wischmopp, trotz Abendkälte warm ums Herz. Ach, sagte er, hätte ich doch auf meine Eltern gehört, damals in der Fabrik, bevor wir getrennt wurden.

Aus gleichem Garn gesponnen, zum Band verflochten, zu Fransen gewebt, waren unsere Fäden stets eng miteinander verbunden. Wir wurden eine Stoffbahn, auf deren Festigkeit Verlass war. Bevor der Cutter uns teilte und zurechtschnitt, hatten sie mich eindringlich gebeten, nie meine Familienwurzeln zu vergessen. Das war das Letzte, was ich von ihnen hörte, ich wollte etwas erleben, hatte mich für das Auslandsfließband empfohlen. Ich habe nicht auf sie gehört, aber - ich - wollte - kein... weiter kam er nicht, müde schlief er ein und träumte unruhig von Essiglauge und Farbresten.

Am Morgen wurde der Wischmopp früh geweckt. Im Freigelände des Kindergartens begann das Leben früher als im Discounter. Kinder spielten im Sandkasten oder fuhren mit den Dreirädern über das Gelände. Jannis und Bea stromerten am Zaun entlang, beide hatten einen Netzbeutel dabei, mit dem Auftrag, am Zaun und um das Gartenhaus herum für die nächste Bastelstunde Kastanien zu sammeln. Sie legten den Netzbeutel ab, begannen zu sammeln, viele Kastanien waren in der Nacht auf den Boden gefallen. Das Netz wird reißen, meinte Jannis, wenn wir alle Kastanien da reintun. Bea komm, wir holen den Eimer aus der Küche. Das Netz ließen sie liegen, am Zaun, gleich neben dem Wischmopp.

Der Wischmopp merkte die Unruhe um sich herum, rieb sich die müde Traurigkeit aus dem Perückenaufsatz und traute seinen Fransenaugen nicht. Was lag da neben ihm, das kannte er doch, es fühlte sich an wie... In diesem Moment hörte er von Netz her Stimmen. Ein Henkel fragte den anderen, was meinst du, wie geht es unserem Jüngsten, ob er sein Glück im Ausland gefunden hat? Dem Wischmopp verschlug es fast die Sprache, Mama, Papa, hallo, ich bin hier, direkt hinter euch liege ich. Getrocknet in der Nacht sackte er im gleichen Moment in sich zusammen, fiel auf den Netzbeutel und drückte seine Eltern überaus glücklich an sich. Wie schön, dass wir wieder zusammen sind, sagte er. Über das Wochenende hinweg hatten Netzbeutelhenkel und Wischmopp sich viel zu erzählen.

Wetterhimmel

Ich freue mich jeden Tag über sie.
Fast immer zu gleichen Tageszeit geht sie durch die Straße an unserem Haus vorbei. Betagt wie sie ist, läuft sie doch orientiert den Weg entlang, kennt Häuser, Vorgärten und Ecken, bleibt ab und zu stehen, sieht sich um, dreht sich wieder nach vorne, um dann nochmals hinter sich zu gucken. Nein, dement ist sie nicht, sodass sie nicht weiß, was sie tut. Im Gegenteil, immer aufmerksam und ohne Hektik vergewissert sie sich mit ihren dunkelbraunen Augen, dass sie keinem im Wege steht oder wo ihr Begleiter bleibt.
Mein Nachbar ist es, der als ihr Begleiter, in ähnlicher Ruhe wie sie jeden Nachmittag die Spaziergänge mitmacht. Alle aus unserer Straße kennen und mögen die beiden, er um einiges größer als sie, sagt Sommer wie Winter, na komm, lass uns gehen, das tut uns gut.
Als unser Nachbar vor Jahren hierhin zog, war sechs Monate später auch sie in der Straße zu sehen. Ich konnte miterleben, wie beide sich anfreundeten, zusammen die neue Umgebung erkundeten und irgendwann die Nachmittagszeit für regelmäßige Spaziergänge fest einplanten. Mit der Zeit sind für meinen Nachbarn diese Spaziergänge um so wichtiger geworden, je mehr die Monate die Würde seines und ihres Alters unterstreichen, je weiter das Jahr fortschreitet, die Jahreszeiten den Park verändern.
Der Park ist ihr Ziel, jeden Tag spazieren sie dorthin und wieder zurück, ein Zweistunden-Ritual, das ihnen nicht langweilig wird. Aus der Erfahrung heraus verläuft bei einem Spaziergang alles so, wie beide es brauchen, wie es ihnen Freude bringt. Bekanntes wird täglich neu entdeckt,

Fremdes mit Neugierde gesehen oder beobachtet, immer mit einem Blick zum Wetterhimmel.

Oft schon bin ich mitgegangen, habe erlebt, wie der tägliche Spaziergang ihre Verbundenheit, ihr Aufeinander-Bezogensein zeigt, haben sie doch alle Zeit der Welt, wenn beide eine Weile und länger am Eingang zum Park verweilen. Von jeglichen Sachzwängen befreit sind sie einander der Rahmen für diesen und den nächsten Augenblick, grenzen sie den Moment ein bis zum Weiterziehen, bis zum Eintritt in den Park. Im Park sind sie nie allein, man kennt die beiden. Zwar weiß keiner genau ihre Namen, noch werden beide mit ‚du' angesprochen, aber einer oder den anderen ist für viele undenkbar, ihr verlässlicher Besuch im Park ist etwas Beständiges im Alltag. Alle, die man so treffen kann, sind es wert, begrüßt zu werden, und das tun beide auf ihre ganz persönliche Art und Weise, jeden Tag.

Auf ihrem Parkrundgang nicken beide den jungen Müttern mit den Kleinen und Kleinsten zu, begutachten die Grünanlagen, nicken den älteren Bewohner von Haus Nr. 5 und 9 zu, bewundern die Blumenfelder, nicken den MitspielerInnen der Boule-Runde zu, schauen im Sommer am Wassergraben auf die Höhe der Fontaine oder scheinen mitaufzupassen, wenn die Ausflugsgruppe der Kita am Wasser spielt. Besonders ihr gefällt das Spiel der Kinder, und sie erinnert sich daran, früher manchmal mitgespielt zu haben. Sonntags gibt es nach Möglichkeit eine größere Pause, da setzen sie sich ins kleine Parkcafé für einen Milchkaffee, ein Wasser und zwei Keks, lassen der Zeit ihre Zeit und sich selbst die Gelassenheit, die sie so schätzen.

Mein Nachbar und sie reden nicht viel unterwegs, nur

ab und zu kann man erkennen, wie nahe die beiden sich sind. Wenn er spricht, bleibt er meist stehen, sieht sie an, und als sei ihr nichts wichtiger als seine Worte, bleibt auch sie stehen. Ich kann nicht sagen, ob die Worte ihr oder dem Wetter gelten, doch das ist nicht wichtig. Mir scheint, sie hört seine Stimme gern, viele Jahre schon liegt dieser Ton in ihrem Ohr, aus hunderten Stimmen würde sie seine unverfälscht ruhige Stimme heraushören. Besonders wenn mein Nachbar ihren Namen ruft, erhält er unvermittelt klar eine Antwort, ihre Blicke treffen sich, er lächelt und beide ziehen weiter. Verstehen pur, blindes Vertrauen über die Jahre hinweg, allen Unterschieden der beiden zum Trotz.

Viele in unserer Straße sind älter geworden, einige sind weggezogen, neue Bewohner kamen hierher, doch ohne meinen Nachbarn und sie kann ich mir das Leben in unserer Straße nur schwer vorstellen, sie gehören dazu.

Seit drei Wochen, besonders bei schlechtem Wetter kommt es mir so vor, als gehe sie nicht mehr gerne raus, da bleibt sie vor der Tür stehen und will nicht weiter. Dann sieht mein Nachbar sie an, pflichtet ihr nickend bei, streichelt ihr den Rücken, führt sie zurück ins Haus und schließt die Tür.

Heute regnet es und mein Nachbar geht allein spazieren, geht an unserem Haus vorbei die Straße entlang, geht in den Park, kehrt wieder heim. Er ist traurig, sie ist nicht mitgegangen, sie musste vom Tierarzt eingeschläfert werden, Miss Sofie ist jetzt im Hundehimmel.

Wippen oder schaukeln?

Mein Vater lebte es mir vor.
Zufriedenheit ist selbstgemachtes Glück, gab mir das Leberwurstbrötchen und streichelte meine Wange. Leberwurstbrötchen klärten den Herzschmerz, stärkten den Mut und schmeckten nach Geborgenheit.
Ganz ehrlich, es waren nicht die Leberwurstbrötchen, sondern Vaters Worte, Vaters Kümmern, das stimmte mir die Welt wieder schön. Da war es nicht mehr wichtig, dass die doofe Kuh mit Roland auf der Wippe wippte, wo ich das doch so gerne wollte. Wenn die Welt um mich schlimm wurde, war Vaters Dasein meine Rettung. Und dann ging es weiter, ganz von allein. Am nächsten Tag fragte Roland, ob ich mit ihm zur Schaukel gehen wolle. Wippen sei doof, sagte er und ich war glücklich.
Aber heute?
Da steht meine Welt Kopf und mein Vater fehlt, der sie mir wieder richtet. Am nächsten Tag ist es mitnichten besser. Doch manchmal höre ich meinen Vater: Du bist jetzt alt genug, das Brötchen selber zu schmieren. Ja, das kann ich, denke ich, mache mein Seeligkeitsessen, sehe zufrieden auf den Teller. Es schmeckt, die Welt lass‘ ich draußen. Mir geht es besser.

Gezeitentränen

Schwer aus dem Bett, schnell vor dem Kleiderschrank
pünktlich bei der Arbeit, Aufgaben mit Plan und Austausch
Dienst nach Bedarf und Vorschrift
Gedanken fließen immer wieder woanders hin
Buch zu, Sonne lacht, Auto auf
losgefahren, geparkt, abgeschlossen
Kaffee mit Kuchen, lachen mit Freude
Ruhe mit Flüstern, Küsse mit Herz
Tablette für den Kopf, Grießbrei für die Seele
Alles birgt Verblichenes, Verlorenes, Vermisstes
von Heimatgefühl, Geborgenheit, Sicherheit
Man sagt:
Ebbe folgt nicht auf Ebbe. Dazwischen ist die Flut.
Wo stehe ich?
Die Tränen sagen, weiß nicht.

Blau (in einfacher Sprache)

Unschlüssig oder nichtwissend, so genau kann man das bei der Senja nicht sagen.
Es ist später Vormittag im frühen Herbst. Mit blauem Rucksack und blauem Regenschirm steht die Senja da. So hat sie das nicht erwartet, sich nicht vorgestellt. Eigentlich sollte hier Strand sein. Es sollte ein Strand sein wie der auf dem Werbeplakat. Das hatte sie in einem Schaufenster eines Reisebüros gesehen. Aber hier gibt es keinen Strand, keinen Sand, kein Meer. Nur Wind ist da, auf dem Plakat war der aber nicht zu sehen. Sie steht allein da, sieht sich um, überlegt. Was ergibt jetzt Sinn, welchen Weg muss ich einschlagen?

Es ist nicht oft vorgekommen, dass die Senja einen Ausflug allein gemacht hat. Aber in der Werkstadt hat keiner Zeit. Alle sind beschäftigt, es ist Mitte der Woche. Am Wochenende habe ich Zeit, hat jeder gesagt. Aber solange will die Senja nicht warten. Außerdem ist das Ziel so verlockend. Sie will heute wieder etwas ohne die anderen erleben. In ihrem Bauch wirbelt ein komisches Gefühl. Zum Glück ist der Regenschirm dabei, ein Geschenk von Theresia, der Gruppenleiterin in der Werkstatt. Alle nennen sie Thiesi. Der Regenschirm schützt vor der Sonne und vor Regen. Er hilft, wenn dir jemand zu nahekommt oder dich bedrängt. So hatte Thiesie bei der Verabschiedung gesagt und gefordert, nimm ihn mit! Das hatte die Senja getan. Jetzt sie hält den Schirm so fest zwischen Arm und rechter Seite geklemmt, als sei er lebensnotwenig. Irgendwie ist er das ja auch.
Die Senja sagt sich, ich bin nicht da, wo ich sein will. Ich bin woanders und weiß nicht so recht weiter. Das ist doch nicht möglich, dass man am helllichten Tag nicht weiß, wie es weiter gehen soll, würde Thiesi jetzt sagen. Und die Senja überlegt, was rät Thiesi in solchem Fall? Thiesi sagt dann: Nicht verzweifeln, das Ziel nicht aus den Augen verlieren und - ganz wichtig - sich gesund trauen. Die Senja weiß nicht so recht, wie das geht, sich gesund trauen. Ich kenne aber mein Ziel, immerhin etwas, denkt sie. Verzweifeln tut sie auf keinen Fall. Sie könnte jemanden um Hilfe bitten, wie das mit dem Sich-gesund-trauen geht. Aber das geht auch später, jetzt erstmal nachdenken. Doch das geht gerade nicht so gut. Es ist so laut um sie herum. Die Hektik am kleinen Bahnhof stört. Die Senja geht ein paar Schritte weiter. Ein Taxifahrer spricht sie an. Wenn Sie nicht gerade zum Nordpol wollen, kann ich Sie überall

hinfahren. Und er lacht über das ganze Gesicht. Allein sein, nicht weiterwissen, sein Ziel vielleicht nicht erreichen, ist wie das Grellgelb aus ihrem Farbkasten. Das ist nicht angenehm, das irritiert die Senja sehr, da kommt der Taxifahrer genau zur rechten Zeit.

Der Taxifahrer hat ein schwarzes Gesicht. Es ist ein schönes schwarzes Gesicht. Seine Stimme klingt etwas dunkel und zugleich weich. Dann sagt er noch, Guten Tag, und hält die hintere Autotür des Taxis auf. Können Sie mir vielleicht sagen, wo der Strand ist, fragt die Senja. Der Mann mit dem schönen schwarzen Gesicht antwortet: Hier gibt es keinen Strand, aber ich weiß, wo der ist. Kommen Sie, steigen Sie ein, ich bringe Sie dorthin.

Was kostet die Fahrt, will die Senja wissen. Ein Bein von ihr ist bereits ins Auto gestiegen. Das kriegen wir schon hin, meint der Mann. Dann steigt Senjas zweites Bein dazu, der Taxifahrer steigt vorn ein. Die Senja wundert sich, dass er das mit dem Fahrgeld nicht genau gesagt hat. Angeschnallt fahren sie los, der Taxifunk läuft mit.

Wie heißen Sie, fragt die Senja den Taxifahrer. Sie sieht von der Rückbank aus in den Rückspiegel und kann seine Augen sehen. Der Taxifahrer blickt auch in den Rückspiegel und sieht die Senja. Sie hält einen Rucksack und einen Regenschirm auf dem Schoß. Ich heiße Tasuh und wer sind Sie? Ich bin Senja und ich möchte an den Strand, antwortet sie, an so einen Strand, wie der von dem Plakat im Reisebüro. Die Senja sieht sie aus dem Fenster, fragt aber weiter. Tasuh, haben sie schon mal jemanden an den Strand gefahren? Nicht sehr oft, sagt der Tasuh, Sie sind der fünfte Fahrgast seit dem Frühjahr. Die Senja hört ein Zögern in seiner Stimme. Das beunruhigt sie aber nicht. Thiesi sagt immer, fünf ist eine gute Zahl. So wie die fünf

Finger an der Hand kann man sich die Fünf gut merken. Die Senja guckt auf die Uhr. Nach achtzehn Minuten sagt Tasuh, da sind wir. Was muss ich zahlen, will sie gleich wissen. Thiesi sagt immer, gleich gezahlt heißt, keiner klagt. Nichts, sagt Tasuh, sehen Sie erstmal nach, ob es der Strand ist, zu dem Sie wollen. Gut, sagt die Senja und wundert sich nochmal, dass ein Taxifahrer so etwas sagt. Beide steigen aus.

Die Senja zieht den blauen Rucksack um. Den blauen Regenschirm nimmt sie in die rechte Hand. Sie guckt sich um. Ihr Blick fällt auf einen Kiosk mit vielen Andenken in zwei kleinen Fenstern. Daneben gibt es ein Hinweisschild ‚Zum Strand'. Das zeigt auf einen Weg aus Holzbohlen. Kommen Sie doch mit, meint die Senja, am Strand gibt es den Sand, das Meer und die Muscheln. Der Wind und die Holzbohlen zeigen uns den Weg dahin. Sie läuft los, nicht sehr schnell. Der Tasuh schließt das Taxi ab und folgt.

Der Weg zum Strand scheint gar nicht so weit, denkt die Senja. In den Zwischenräumen der Holzbohlen liegt Sand. Der wird immer mehr, je weiter ich gehe. Der Tasuh läuft hinter ihr. Es sieht so aus, als sei er der Beschützer der jungen Frau.

Dann sind sie da. Der Strand, das ist der Ort mit dem Sand, dem Meer und dem Blau am Himmel. Ja, sagt die Senja, das ist der Strand. Genauso habe ich mir das vorgestellt. Jetzt bin ich da, wo ich hinwollte. Ich danke Ihnen, sagt sie und guckt zu Tasuh. Etwas außer Atem steht er neben ihr, bitte sehr, das habe ich gern getan. Ich habe jetzt Pause. Die werde ich hier in einem Liegestuhl verbringen. Dabei lacht er richtig laut und zwei neugierige Möwen fliegen vor Schreck weg.

Die Senja und der Tasuh wandern durch den Sand in

Richtung Wasser. Sie kommen an einem geschlossenen Strandcafé, zusammengeklappten Liegestühlen und zugesperrten Strandkörben vorbei. Heute scheint nochmal kräftig die Sonne. Ein großer Wagen sammelt die Strandkörbe ein. Drei Männer schieben und zerren sie auf den Anhänger eines Lasters. Immer acht Körbe und vier Liegestühle werden weggeschafft. Die Senja bleibt stehen und beobachtet die Sammelaktion. So wie es aussieht, gibt es für Sie keinen Liegestuhl oder Strandkorb mehr, bedauert sie. Schade, meint der Tasuh. Hören Sie das auch, was Strandkörbe und Liegestühle erzählen? Die Senja ist überrascht, nein, was erzählen die denn?

Da waren viele Tage nach unserem Geschmack. Strandbesucher haben gute Laune, wenn das Wetter gut ist. Das wissen wir Liegestühle und Strandkörbe genau. Das ist ja das, wofür wir gemacht sind. Wozu wir im Frühjahr hier hingestellt wurden. Was Kinder, Eltern und andere Leute an uns so gernhaben. All das macht uns froh. Kekskrümel, Pommes Sauce und Eis- oder Bierflecken lassen am Ende der schönen Tage leider unser frisches Aussehen ziemlich alt aussehen. Da lacht die Senja laut auf: Aber wir alle möchten nichts anderes sein als Liegestühle und Strandkörbe. Der Tasuh lacht mit und setzt sich in den Sand. Dann macht er einen Vorschlag. Sehen wir zusammen aufs Meer, dann können wir uns weiter unterhalten. Mit einem Blick auf Senja hofft er, sie würde mitmachen.

Doch die Senja möchte noch ein Stück weitergehen. Ich muss nachdenken, das dauert etwas, erklärt sie und zieht ihre Schuhe aus. Ich gehe bis zur Seebrücke und komme dann wieder zurück. Ihre Schuhe verstaut sie in den Rucksack. Den Regenschirm klemmt sie unter den rechten Arm. Dann geht die Senja barfuß über dem nassen Sandstreifen am Wasser entlang. Ab und zu gluckert eine dünne Meerwelle über ihre Füße. Das ist aber kalt, sagt sich sie, holt tief Luft und wandert in aller Ruhe auf die Seebrücke zu. Ausladend, fast gemütlich liegt die Seebrücke am Strand. Sie reicht weit ins Meer hinein. Gut, dass kaum Besucher da sind, dann bin ich ungestört, denkt die Senja. Der breite Plankensteg gibt ihr das Gefühl, sie kann über dem Wasser gehen. Die Senja meint, bei jedem Schritt schwankt alles, im Kopf gleich hinter dem Ohr spürt ich das. Das kann nur vom Steg kommen, denn betrunken bin ich nicht. Gut, dass ich den blauen Rucksack und den blauen Regenschirm festhalten kann. Am Ende des Stegs warten zwei Bänke auf Sitzkundschaft. Die Senja sucht sich den besten Platz aus. Sie nimmt einen Apfel aus dem Rucksack und isst. Vom besten Platz aus kann sie weit auf das Meer sehen. Jetzt schwankt es nicht mehr. Es geht ihr gleich besser. Möwen kreischen heran und hoffen auf fette Beute. Sie warten, dass der Tourist sein Keks fallen lässt. Nein, heute gibt's nichts Gutes, Äpfel sind nicht ihr Geschmack. Jetzt denke ich ein wenig nach. Das fällt mir mal leichter, mal schwerer. Je nach Tageszeit und Laune und Krach um mich herum ist das so. Hier am Wasser aber ist alles so, dass ich gut nachdenken kann. Ich meine, ich bin jetzt alt genug und möchte alleine Entscheidungen treffen. Ich meine ja nicht, ob ich das eine Brötchen oder das andere Brötchen mir morgens beim Frühstück nehme. Ich meine sowas wie heute Mittag. Da wollte ich unbedingt ans Meer und den Strand sehen. Einige in der Gruppe machen sich Sorgen, ob ich das wirklich kann. Nur Thiesi hat gesagt, du schaffst das, ja heute schaffst du das. Wenn ich mich nicht mal was traue, dann kann ich nicht herausfinden, was ich kann und ob ich das kann.

Ach, Erwachsenwerden ist nicht so einfach. Aber Thiesi kann ich immer fragen, wenn es mir doch zu schwer erscheint. Ja, so mach ich das in der nächsten Zeit.
Die Senja sieht vor sich am Metallgitter einen Rettungsring. Ein roter Kranz mit weißer Kordel drumherum. Der ist am Pfosten in einer Halterung festgeklemmt. Es blitzen seine Reflexionsstreifen in der Sonne auf. Anweisungen zum Gebrauch zeigen auf, was möglich sein kann, aber niemand sich wünscht. Die Senja denkt, Rettungsringe können Leben retten. Gut sichtbar bereit, am Wasser, in Strandnähe, sie unterstützen die Rettungskräfte. Die Senja weiß das genau. Sichern, bergen, schützen, das steht bei Thiesi auf einem Aufkleber an der Bürotür. Thiesi ist Mitglied bei der freiwilligen Feuerwehr.
Die Senja sieht in den Himmel, dann aufs Wasser, dann wieder in den Himmel. Ihr fällt auf, das Blau hier ist anders als das Blau auf dem Plakat in der Stadt. Hier sieht es fröhlicher und stärker aus. Das liegt sicher an der Luft, entscheidet Senja für sich, hier duftet alles nach Wasser und Muscheln. All sowas gibt es bei einem Plakat nicht. Thiesi hat gesagt, das Blau am Meer kann man fühlen. Die Senja grinst, ich glaube, ich kann das.
Blau ist wichtig für die Senja, denn das ist ihre Farbe. Blau ist eine Farbe voller Gehalt und Tiefe. Das hatte sie mal gelesen. Das klingt schlau, aber viel kann die Senja damit nicht anfangen. Blau ist ihr viel zu wichtig. Blau ist die Farbe von Vaters Augen und Mutters bestem Kleid, von Herrn Maiers Auto und Frau Ecks Handtasche. Selbstverständlich weiß Senja alles über Blau, das mit den verschiedenen Mischungen und Farbtönen, die verschiedene Namen und Bedeutungen haben. Aber eigentlich muss man das alles gar nicht wissen, meint sie.

Thiesi sieht das auch so. Blau ist nicht laut, sondern leicht, Blau gibt Kraft und stört nie. Blau ist einfach die Farbe aller Farben. Punkt.
Als die Senja so dasitzt, kommt noch etwas Wichtiges in ihren Sinn. *Mein* Rettungsring, das ist das Blau. Wenn nichts richtig klappt oder ich mir Sorgen mache, wird alles grau. Dann hilft mir das Blau und zieht mich aus dem sumpfgrauen Tag. Ich überstehe auch das Grellgelb aus meinem Farbkasten und gehe nicht unter. Ich glaube, heute hat mir Thiesi und das Blau Mut gegeben. Ich habe den Ausflug allein gemacht. Ich muss mir nur mehr zutrauen und alle Tage sind voller Blautöne. Die können mich retten. Vielleicht ist es das, was Thiesi mit Sich-gesund-trauen meint. Ihr Blick fällt auf ihren Regenschirm. Du heißt ab sofort Rettungsblauschirm. Thiesi wird heute Abend erstaunt sein.
Die Möwen ziehen enttäuscht wieder weite Kreise über dem Wasser. Die Senja verlässt zufrieden fröhlich die Seebrücke. Der Tasuh sitzt immer noch im Sand. Ich bin fertig mit Gucken und Denken, ruft sie ihm zu. Er wiegt Muscheln in der Hand und fragt, und was haben Sie herausgefunden? Ich übe ab sofort das Sich-gesund-trauen. Das hört sich verdammt gut an, meint der Tasuh und beide schlendern langsam wieder in Richtung Strandweg. Immer wieder bleibt die Senja stehen und schaut zurück. Sicher kann ich am Strand noch mehr über mich herausfinden, denkt sie. Irgendwie fühlt sich hier vieles leichter an. Wenn ich mir mehr zutraue, kann ich bald sagen: Mein Leben, das Blau und ich mittendrin. Die in der Gruppe werden sagen: Was die sich alles traut! Sie nickt sich selbst zu, das ist gut, das reicht für eine Weile. Am Kiosk zurück kauft die Senja einen kleinen Rettungs-

ring blau-weiß gestreift, eine Postkarte, auf der ein Sprössling aus der Erde guckt und empfiehlt: ‚Dem Leben trauen'. Ihre Lieblingsschokolade Nuss-Nougat kauft sie auch. Dann schüttelt sie den Sand von den Hosenbeinen und den Füßen, zieht ihre Schuhe wieder an. Bevor sie ins Taxi steigt, sagt sie: Tasuh, bitte zum nächsten Strand, da essen wir dann zusammen die Schokolade. Und ich bin gespannt, was das Blau mir dort zu sagen hat. Tashu lacht, gute Idee!

Dineke

Gehen wohin man will, singt der da und trifft den Kern. Dineke denkt, will ich auch, weg von hier. Morningtime is goodtime. Man braucht nicht viel um loszugehen. Loslassen, loskommen, Gottvertrauen, genau in der Reihenfolge, sagte Oma damals, Gottvertrauen hilft immer. Dineke überlegt nicht lange, packt den Rucksack, nicht zu viel Gepäck, wenn voll, dann voll, und summt das Lied mit. Losgehen, einfach losgehen, on the road in my old shoes, logisch, Schuhe, feste Schuhe, sagte Oma damals, die waren im Krieg Gold wert. Heute ist das anders, alles leichtnehmen ist die Devise, geht aber nicht immer, Weg ist nicht gleich Weg, immer anders, troubles around my brain. Zuhause ist nicht mehr so richtig, nur richtig Stress, denkt Dineke. Jacke an, aus dem Haus, sagt sie, los jetzt, geh' endlich los, drückt den Kopfhörer fester auf die Ohren, dann repeat und los.

Der Weg nimmt Fahrt auf wie der Tag früh am Morgen, windy time in a windy train. Nee, hier rollt der Zug nur am Bahnhof vorbei, alles aufgegeben vor Jahren, rentierte sich nicht mehr, alle fahren Auto, wird sicher wieder anders. Die Straße ist eben, das Wetter macht blau, nicht denken, ob das so bleibt. Es muss ja nicht Sommer sein um loszugehen, no sir, every day smells like summer. Trampen ist wieder beliebt. Habe ich Geld eingesteckt? Rucksack geschultert, Blick gerichtet, Hände arbeitslos und Dineke geht. Ihre Schuhe befreunden sich mit dem Asphalt, alone on the road, ja allein, allein ist nicht schön, der Weg kann weit werden. Wenn ich weit gehe, komme ich später an. Später ankommen, macht nichts, wenn jemand mit dir ist. Hauptsache weg und jemand dabei, hand in hand together. Mit mir ist keiner unterwegs, trauert Dineke kurz, niemand ist da, der mitgeht, der sagt, du bist mein du. Oma fragte bei Traurigkeit immer, welches Lied soll ich dir singen? Das mit dem Engel, und Oma sang, ‚Du mein Schutzgeist Gottes Engel', Dineke kann es auswendig. Omas Motto lautete, mittragen heißt wegtragen, du kannst alles schaffen, was zu schaffen ist. Always good ways, no sir, but good vibes, that's it. Nur nicht aufgeben, die Leute geben zu schnell auf, keiner will mehr die Wahrheit wissen, welche Wahrheit?

Dineke fragt sich, wann die Wahrheit wegzog, eines Tages war sie einfach weg, man wollte sie nicht mehr, das Vertrauen war bereits weggezogen, it's all over, baby, doch wer und was einmal war, ist nicht einfach weg. Nichts ist verloren, was wir nicht verlieren, sagte Omas damals. Good old woman, das hilft mir jetzt nicht weiter, komme damit nicht durch die Straßen, durch den Ort, durch die Stadt, durch das Land, da ist anderes wichtig. Be true and honest, she said, yes ma'am.

Oma war der Schutzengel, mit ihr wurde Dineke groß, von

ihr lernte sie, mit dem auszukommen, was da war, denn anderes war nicht da, one life is enough, for living dreams. Welche Träume? Sind lange schon weggeschickt oder leergelogen. Dineke geht durch das Oberdorf, setzt sich auf die Bank am Rathaus, direkt an der Fußgängerzone, take time, take care, letzter Song. Dineke nimmt den Kopfhörer ab. Sogleich flutet der Lärm der streitenden Krähen ihre Ohren, Streit ohne Luftholen, fast wie zuhause. Nee, jetzt nicht daran denken. Sie schließt die Augen, der Spätsommer duftet bereits nach Herbst. Jeder Herbst malt sein Monogramm in Bunt vor der langen Ruhe.

Dineke kennt Ruhe, eine Ruhe, die unterhalb ihrer Gedanken wohnt, die duftet nach warmen Essen. Der Duft verspricht, hier findest du, was du brauchst. Der Duft flüstert, hier gibt es Geborgenheit und Geliebtsein und erzählt vom Lachen, Singen und Schweigen, von Träumen, Tränen und Tapfersein, von frischer Wäsche, gutem Essen und einem Gebet am Abend. Nachdem Oma gestorben war, hatte Vater oft für sie gekocht, auch wenn es spät wurde. Eine Suppe, ein Omelett, einen Auflauf, Dineke mochte alles und Vater freute sich, wenn sie futterte, als gäbe es am nächsten Tag nichts mehr im Kühlschrank. Kinder haben ein Recht darauf, den Vater als Helden, die Mutter als Verbündete zu sehen. Vater war der Fels in der Brandung, war Vorbild, ohne es zu wissen. Mutter war…, Dineke fällt keine Beschreibung zu ihrer Mutter ein. Damals war alles gut, bis zu dem Tag, diesem einen Tag. Immer wieder ändert sich was, und selten zum Guten, sagte Oma kriegserfahren. Und Dineke, merk‘ es dir, es gibt keine Sicherheit. Woher soll sie auch kommen?

Dineke öffnet wieder die Augen, sieht sich um. Im Sog von Sonnenschein und leichtem Wind sich einsam fühlend, sucht alles in ihr, was gelernt, was eingebrannt ist. Den Weg schaffen, ohne sich zu schaffen, das ist Lebenskunst. Dineke weiß manchmal nicht, wie das gehen soll, also Kopfhörer wieder auf. Timeline or lifetime, fucking question.

Seit drei Wochen schwebt eine, vom Notar gesetzte Schlechtwetterfront wie eine Drohne über ihr. Unangenehm drückend von oben herab behält die Drohne sie im Blick. Dineke ist sich nicht sicher, was es ist, aber irgendwas zerrt seitdem an ihr, zieht sie dahin, wo alles einmal gut war. Always trust your fellings, singt der da und trifft den Kern. Dineke fragt sich, ob jetzt der Zeitpunkt gekommen ist, worauf die Zeit punktgenau den Finger legt? Aufstehen und weiter und los, zu Fuß, fünf Ortschaften weiter, der Umgehungsstraße folgen, dann weiter hinauf zum Resthof der Familie mit Omas Altenteil. Go ahead, young girl.

Alles wird verlassen leer sein, man plant Abriss und Neubau für Ferienwohnungen. Dineke will das nicht, wird aber nicht gefragt, hat ja nichts mehr zu sagen. You know what I mean, Dineke war damals alles recht gewesen, alles. Ein Haus ohne Oma, ohne Vater, ohne das, was Heimat ausmachte, nur weg von da. Mit der Mutter alleine zu wohnen, war schwerer als später in der Pflegefamilie, Mutter war schwierig, alleinerziehend lebensuntüchtig, für ein Kind von 10 Jahren keine gute Sache, many lies under your feet.

Dineke ist begabt, versteht schnell, ist in der Schule unterfordert. Dineke ist anders, sagen die Anderen, Dineke merkt das Anderssein, entdeckt schon früh den Nur-Nicht-Gedanken für sich, leave me alone, nur nicht das machen, was alle machen, nur nicht alles über sich ergehen lassen, nur nicht werden wie die Mutter, nur nicht allein mit ihr im Haus leben, she has a jealous mind. Rechthaberisch bis zum Gehtnichtmehr war Mutter, Besserwisserei eingepackt in Alltagsphrasen, im Tonfall vornehm, in Haltung und Gang aus der Zeit gefallen. Dass die Zeiten sich geändert haben, hatte Mutter nie gemerkt, vielleicht nie wahrhaben wollen, she makes me crasy, fest hing ihr Denken in den Floskeln der Vergangenheit. Sorry for everything, Dineke hatte das nie verstanden. Mutter war nicht wie Vater, konnte nicht geben. Mutter konnte nehmen und sie nahm, was sie kriegen konnte, please, don‘t do that, Enttäuschungen mussten es wohl gewesen sein, Enttäuschungen, über die die Mutter nie sprach, die sie dem Leben in Rechnung stellte, das Früher war vorbei, forsaken yesterday she cries, seit vielen Jahren vorbei, jedoch nicht in Mutters Gedankenwelt, da war sie wer, da waren die besseren Tage mit Haus und Hof und Angestellten. Diese Leier mit dem Früher und so, Dineke hatte es so satt. Please stopp it, stupied woman. Dineke geht und geht, wird am Straßenrand von Autofahren angesprochen, nein, mitgenommen werden wolle sie nicht, nur endlich ankommen. Noch ein paar Straßen, die kleine Anhöhe rauf, lange, sehr lange war sie nicht mehr hier. Dineke summt und denkt, what's doing next, was will ich da, wenn ich da bin, am verlassensten Ort der Welt, im baufälligen, halb ausgebrannten Haus, mit dem Rest an leeren Zimmern, so leer wie die Hausseele damals geworden war. Dineke sei ehrlich, rügt sie sich, es war nicht immer so. Als Vater noch da war, war Leben im Haus. Da kamen sie alle, kamen gern, kamen wieder, da war was los, alle machten mit bei Festen und Feiern. Dann ging er fort, you took away my love, mit ihm ging

die Freude und das, was Angenommensein bedeutete, was sie liebte, verschwand in leisen Zwischentönen, eight years ago, honey.
Kurze Zeit später der Brand, Dineke war in der Schule, keiner redete mit ihr, Dineke fragte nach, keiner erklärte, wie es passierte, dass die Mutter zu Tode kam. It's not a storm, but a hurricane. Mutmaßungen sind wie Nebelfeuer, führen auf Irrwege, rauben den Verstand und lassen verbrannte Gedanken zurück. Verbrannt wie die Fotos der schönen Zeiten, die Schnitzereien von Opa, viele Spielsachen, die gute Stube, das untere Schlafzimmer, alles verbrannt oder vom Löschwasser zerstört, pray for helping me and myself. Den Brandgeruch kriegte Dineke lange Zeit nicht aus der Nase. Die Küche mit Geschirr und Gerätschaften blieb fast unbeschädigt, wie der hintere Teil der ersten Etage.
Der verlassenste Ort der Welt wurde verlassen von ‚Es war einmal'- Geschichten, verlassen von ‚Vater Mutter Kind'- Spielen, verlassen von dem, was Heimat war, alles verging, ging zu schnell unter für ein Kind wie sie.
Dineke steht in der Hofeinfahrt, look around and be quiet, überall Gestrüpp und Totholz, wucherndes Unkraut hochgeschossen und Efeuranken bis zur Dachrinne. Dornröschen schlafe wunderbar, hundert Jahr'. Dineke lächelt unsicher, folgt dem Weg am Haus entlang, geborstene Fenster, gebrochene Rahmen, zerbröckelte Steintreppe am Haupteingang, die Klingel aus der Wand gerissen, kein Namensschild mehr da. Ein trauriger Empfang für jeden Nichtbesuch, crimetime for my soul, trostloser kann es in keinem Krimi gezeigt werden, letzte Szene, misty music, Nebelschwaden, Abspann.
Von Pflegeeltern aufgenommen, zog sich Dineke Tag für

Tag in ihr Schneckenhaus zurück, sprach nur das Nötigste, ging weiter zur Schule, hatte schlechte Träume, wollte nicht mehr zur Kirche, saugte alles in sich auf, was Schule zu bieten hatte, spielte tagsüber mit der Katze, weigerte sich zur Frau vom Jugendamt zu gehen, ließ keinen an sich heran, malte das Haus, malte Szenen mit ihren Eltern, mit Oma, rotzüngelnde Flammen als Rahmen.
Die Pflegeeltern gaben sich alle Mühe, aber nichts reichte aus, um aus der Wunde eine Narbe werden zu lassen. Life without future, game over? Die Nur-Nicht-Gedanken verschwanden nicht, legten sich wie ein schützendes Netz über ihre Seele, nur nicht so sein, wie es alle von mir erwarten. Nein, vier Buchstaben in passendem Tonfall, was sollte daran falsch sein, Dineke wurde schwierig, blieb schwierig und nächste Woche wird sie 18 Jahre, stopp thinking.
Dineke legt Rucksack, Jacke und Kopfhörer an den Stufen ab, geht weiter an der Längsseite, sucht das Küchenfenster sowie Hintertür an der Rückfront. Ausblick Richtung Osten auf Gartenland mit Ausruhbank, das war der kleine Himmel, wenn‘s mal schwer war. Hier ergaben sich Gespräche mit Oma so ganz nebenbei, nicht geplant, nicht wiederholbar. Du brauchst keine Angst zu haben, auch wenn ich nicht da bin, bin ich immer bei dir, sagte Oma damals auf der Bank. Vor drei Wochen kam der Notar, stellte Fragen über Fragen zu Oma und ihr, Dineke solle mit 18 ihr Erbe erhalten, man suche noch Unterlagen, dann käme er wieder.
Dineke sieht sich um, ihr Blick reicht bis zu Omas Garten, dann wird das Fenster hier irgendwo sein, alles zugewuchert, vertrocknet und überwachsen. Dineke schiebt verrottete Sträucher vorsichtig beiseite, Gummistiefel wären

gut, sind aber nicht da, doch dann, gefunden! Sie lichtet die Aussicht, gibt dem Fenster befreite Sicht, streicht mit der Hand über Rahmen und Außenwand, fühlt die Kälte der Steine. Die Stein-auf-Stein-Konstruktion mit Holzbalkendecke war Opas ganzer Stolz, Vater war noch gar nicht geboren, dein Großvater hat für die Ewigkeit gebaut, erklärte Oma damals. Im Bericht der Feuerwehr stand, das massive Wohnhaus habe die auf 80 Jahre berechnete Nutzungsdauer weit überschritten, der Brand tat das Übrige, ein Abriss für einen Neubau scheint das Richtige zu sein. Trotzdem, nein, das muss doch nicht sein.

Die Hintertür des Hauses war damals nie verschlossen. Dineke muss Kraft aufwenden, rüttelt, zieht, öffnet sie, steht im Haus, steht im Küchenraum. Fahles Licht scheint durch Staub, glitzert durch Spinnennetze, legt sich auf Tisch und Küchenbank und Fenstersims. Dineke setzt sich an den Tisch, hier in der Küche war es gut, die Morgende mit Müdigkeit und Pausenbroten, die Mittage mit Ruhe und Hausaufgaben, die Abende mit dem besonderen Hier-ist-es-gut-Duft, Kakaoduft zieht durch die Küche, trifft die Nase, die Tasse steht bereit, freier Fensterblick. Dineke reibt mit dem Taschentuch ein Bullauge in den Fensterschmutz, der Blick hat freie Bahn, verläuft über die Fensterbank, verliert sich im Garten. Die Bank knarrt. Das Knarren gab es damals schon, Dineke steht auf, öffnet die Bankklappe, es dämmert, hier irgendwo war es, das Geheimfach von Oma. Wenn ich nicht mehr da bin, wirst du groß sein, hört Dineke sie flüstern, dann liegt ein Brief in unserem Versteck. Oma, ich bin hier, wo ist es? Dineke untersucht die Küchenbank, zerrt sie mit aller Kraft von der Wand in den Raum, wischt Staub und Spinnennetze grob ab, klopft die Seiten Zentimeter für

Zentimeter ab, machen die im Film doch aus so, nimmt einen anderen Ton wahr. An der Rückwand unterhalb der Bankstützen klopft Dineke weiter, ja, da ist sie, die Klappe, fast unsichtbar eingearbeitet. Erst Opas, später Omas Versteck für den Notgroschen, niemand außer Dineke wusste davon. Dineke sieht Oma auf der Ruhebank. Ein Versteck kann nur ein Versteck bleiben, wenn es die Richtigen kennen, sagte sie damals. Oma, ich habe es gefunden. Dineke greift tief in den Bankfuss, findet eine silberne Dose, in ihr die lange Silberkette mit dem breiten Kreuz und dem blauen Stein in der Mitte, Fotos von Oma als junge Frau mit fremden Mann neben ihr, ein Foto von Vater als Schulkind, ein Foto von Dineke im Kinderwagen, einen Brief an den Notar, einen Brief für sie und eine vergilbte, aber lesbare Urkunde mit Siegel. Dineke laufen die Tränen. Omas Zeilen, kurz und knapp geschrieben: Dineke, deine Zukunft ist gesichert, gibt die Urkunde und den Brief an den Notar, wenn er dir zum 18. Geburtstag mein Testament vorlesen wird, vielleicht kannst du unseren Garten retten. In Liebe Oma.
Seit dem Brand damals hat Dineke nicht mehr geweint, jetzt laufen Tränen über ihr Gesicht. Sie verlässt den verlassensten Ort der Welt, sie weiß, er war nicht immer verlassen. Ich hoffe, ich kann was tun, ruft sie Haus und Garten zu, die einmal Heimat für sie waren. Die Schlechtwetterfront über ihr verzieht sich langsam, der Druck löst sich aus den Gedanken, nichts zerrt und zieht mehr an ihr. Oma, all die Zeit nicht hier gewesen zu sein, habe ich gebraucht, um hierhin zurückzukehren, und Dineke macht sich auf den Rückweg.
Ein Rückweg erscheint immer kürzer als ein Hinweg, Neues ist in Bekanntes umgewandelt. Ohne fremdes Denken

über den Kopfhörer sucht Dineke Heimat neu zu denken, ihr Wollen zu klären, ihre Gedanken zu schärfen.
Oma sagte immer, Heimat ist nicht ein Ort, sondern Liebe, Vertrauen und manchmal ein Duft, die sich mit dem Ort verbinden, mit dem man verbunden ist und verbunden bleibt. Dineke guckt in den Himmel, lächelt und nickt.

Vertane Zeit?

Fünf Uhr dreißig, ich liege noch im Bett, da kommt er, setzt sich auf die Bettkante, grinst mich an. Der Aufstehgedanke hält mir eine Tasse Kaffee entgegen. Selten passiert das so früh, doch besser lässt sich ein Tag in Ruhe nicht beginnen, an freien Tagen ganz besonders. Seit einigen Tagen habe ich immer freie Tage.
Im Morgenmantel verabschiede ich das Bett, überlege, was heute so kommen wird. Am Küchentisch einen weiteren Kaffee, Lesebrille und Zeitung warten, insgesamt das beste Ritual, das sich in der Jetztzeit eingestellt hat. Gleich duschen, anziehen, den PC an und gucken und fühlen und hören und denken und schreiben, später noch einkaufen, kurz das Heute leben.
Ich spüre, die Tage, in denen das Ändern angenommen sein wollte, verabschieden sich. Sachte ist Schweres weitergezogen, Wichtiges ist geblieben. Anfangs tat sich die Traurigkeit schwer, war spitz und schmerzlich, fest haftend in den Alltagsstunden. Nur Bewegung und Gespräche dämmten sie ein, nahmen ihr den Zwang der Tageszeit. In dieser Zeit habe ich Federn gelassen, habe gelernt, dass ich ohne Gram ihnen beim Weiterflug zusehen kann. Heute wirkt die Traurigkeit dünn, sie zieht sich zurück.

Sterben wird sie nicht, ein Restbestand überdauert in mir, vielleicht ist sie noch für etwas gut.
Am Tag achte ich auf jeden Tag, denn ich weiß, ein gelungenes Leben besteht in der Kunst des Lassens: zulassen, einlassen, weglassen, loslassen.
Die Phasen der Kinderzeit, des Erwachsenwerden habe ich zugelassen. Das war nicht schwer, Leben erlebt sich von allein. Kindheitsängste und Verwirrungen kamen und gingen, die Sicherheit der Familie gab Erdung und Vertrauen, als Erbe sind sie mir eingepflanzt.
Sich als junge Frau auf Neues einlassen, sprich Ehe, Kinder, Beruf zu leben, war nicht immer einfach, manchmal stand die Sonne ziemlich tief. Erst mit Anfang Vierzig wurde mein Aufbegehren, mein Trotz ruhiger. Als ich Fünfzig wurde, starb mein Vater, Fragen zogen auf. Was soll Bestand haben, was soll noch kommen, was ist verzichtbar? Die Antwort fand ich im Ehe- und Familienleben, sie schienen mir die Tür zum ‚Alles-gut-und-Weiter-so' zu sein, doch der Mensch denkt, Gott lenkt, sagte meine Mutter öfter.
Der fundamentale Bruch in meiner Lebenskurve zwang mich, die Kunst des Loslassens zu üben, mich neu einzulassen, keine einfache Sache. Der Weg mit anderen Ängsten, mit anderen Verwirrungen warb nicht gerade für mein Vertrauen in diese Zeit. Geschafft habe ich es mit dem Halt in der Familie, mit neuen Freundschaften, sowie Tätigkeiten mit anderen Vorzeichen. Ich lernte, dass Loslassen und Verlassen von besonderer Güte sind.
Loslassen ist Abschiednehmen, Loslassen ist Schwerstarbeit ohne Widerspruchsklausel und für die Seele nicht kostenfrei.
Seit ich einen weiteren runden Geburtstag hinter mich ge-

lassen habe, lasse ich Tag um Tag das ‚Früher' los, verlasse das ‚Damals'. Jede Veränderung beginnt im Kopf. Erst vorläufig, dann fortlaufend nach dem Machbaren suchend, dauerte es bis zum ersten Schritt. Hunderte Erinnerungsfotos im Haus gemacht, die Dinge fast leichten Herzens in ihrem Sein gelassen, verkauft oder gespendet, verschenkt oder entsorgt. Als Nebeneffekt stellten sich Frühlingsgefühle ein, auch das Stundenplankleid abzulegen, mein Berufsleben loszulassen. Ich lasse erfolgreiche Jahre hinter mir. 38 Jahrestränen rollten bei der Frage, was bleibt, wenn Material und Bücher aus den Regalen, die Listen und der rote Stift vom Schreibtisch verschwunden sind. Unter den Tränen ein kleines Lachen, mein roter Stift schrieb 38 Jahre lang mit grüner Farbe.

Wie Ruhe und Geschäftigkeit wechselten Mut und Sorge in diesen Monaten, nahmen Einfluss auf meine Stimmung. Gut, dass ich nicht alles alleine in die Hand nehmen musste, Familie half und hilft, in neuer Freiheit das Haus zu befreien, den Schlüssel in jüngere Hände zu legen, den Handwerkern zuzusehen, ein Übergangsheim zu finden beim Umzug in Etappen für ein Ziel mit Zukunft.

Am Abend bin ich müde vom Heute. Die Freiheit des Lassens tut gut und sie ist ehrlich. Sie verheimlicht nicht die aufkommende Grenze, Vitalität und Zeit wird mit der Zeit kleiner werden. Jetzt ist die richtige Zeit, ich lasse mich ein auf neues Leben unter blau-weiß-roter Fahne. Dort wartet eine Seele auf mich, hört meiner Seele zu, gibt ihr ein neues Zuhause. Gemeinsam sehen wir das Blau von Himmel und Meer, teilen miteinander unsere Zeit. Es ist spät, ich sitze auf der Bettkante, der

Gutenachtgedanke kommt dazu, hält mir eine Tasse Tee entgegen. Das schenkt Ruhe und tiefe Dankbarkeit, nichts war vertane Zeit.

Sonntags

Sie kamen alle, nacheinander kamen sie, gaben sich die Klinke in die Hand und ihr den Blumenstrauß. Glückwunsch, Glückwunsch, der Kuchen ist ein Gedicht, der Kaffee schmeckt. Alles lief Hand in Hand, erzählen und lachen, war schön heute, tschüss, bis bald. So schnell wie sie gekommen waren, sind sie wieder ausgeflogen, alles aufgeräumt, alles weggeräumt, sie sitzt auf der Gartenbank. Sonnenschein fließt über ihr Gesicht, ihr Blick erinnert sich, sie schließt die Augen.
Da bist du ja, sagt er, hier einmal Kaffee für dich, es ist noch frisch im Wind. Komm, setz dich zu mir, sagt sie, mach die Augen zu, dreh dein Gesicht zum Himmel, hör dem Vogelgezwitscher zu. Und der Kaffee ist heiß, seine Hand hält ihre Hand, Wärme fließt in tiefes Ein- und Ausatmen, sie schweigen zueinander.
Da dreht sie ihren Kopf, niemand sitzt neben ihr, niemand, mit dem sie das Schweigen teilen kann, dem sie sagt, mir geht es gut, den sie fragt, geht es uns auch gut?
Sie weiß, wie das wäre.
Klar, würde er antworten, uns geht es gut. Wir sind da, wo wir sein wollen, mit dem, der mit uns sein möchte.
Sie würde lächeln, den letzten Schluck nehmen, ihm die Hand reichen und sagen, Kaffee aus, komm ins Haus. Er nähme ihre Hand, gäbe ihr einen Kuss, sie würden ins Haus gehen, die Tür hinter sich schließen. Ja, das wäre was.

Schutzraum Herz

Jetzt, da es draußen später hell und früher dunkel wird, da nasskalte Tage ungeliebt daherkommen, da Sehnsucht eine Vielzahl von Gedanken weckt, schafft er Ordnung in das, was vor der Jahreswende getan sein soll. Wie schon oft sieht er auf einen Berg Liegengebliebenes, Aufgeschobenes, Außerachtgelassenes. Er sortiert, liest eine hohe Sanierungsrechnung, ebenso eine wiederholte Handwerkeranfrage, überfliegt eine Einladung für den nächsten Monat, findet ein abgelegtes Dokument. Gibt es Unerwartetes? Er hofft vergebens.

Spät in der Nacht zieht er unruhig durch die Wohnung. Begegnet seinen Fragen, was tun mit der Zeit, die bleibt, die er nützen will. Sucht seine Antworten, er will endlich seinem Leben eine Richtung geben, den Sinn des Ganzen ins Auge fassen. Fühlt Entscheidungsfehler auf dem Weg, den er gegangen ist, der hinter ihm und hinter ihr liegt. Er vergleicht und ein Minusgefühl tut sich auf, macht sich breit, ergreift Sinn und Wort und Tun. Haltlos.

Am nächsten Tag ist es eine Welle, die sich zwischen beide schiebt, die sich ausbreitet, die eine Kettenreaktion auslöst. Unausweichlich fließt sein Gedankengift wie zäher Sirup, frisst sich unverdünnt durch Ober- und Unterhaut ihrer Gefühle, sickert durch Rinnsale in die Tiefe. Weitere Worte leeren seine einst gegebenen Worte, verkleinern die guten Tage mit ihr, verletzen mehr und mehr, was in Jahren des Wachsens, des Zusammenlebens groß geworden ist. Wehrlos.

Fraglos lang schon mit ihm verbunden, kann sie sein Mangeldenken nicht umkehren, sein inneres Feuer nicht löschen, dem Gift nicht entgehen. Kaum aufzuhalten

durch ihre Beherrschung, setzt die Nadelspitze seiner Vorhaltungen ihr zu, geradewegs gerichtet auf ihr Wir-Gefühl. Dem inneren Gleichgewicht zu Leibe rückende Forderungen läuten mit Schwindel ihre Herznot ein. Sprachlos.
Ruhe bewahren, Überblick verschaffen, Entscheidungen treffen, ein Rat aus vergangenen Zeiten lässt sie abwarten. Warten ist selten ein Vergnügen und ahnend, nichts wird mehr so, wie es zuvor war, schürt die Trauer darüber ihre Unruhe bis zum Bersten. Kraftlos. Gedankenvoll. Was er sagt und tut, muss sie nicht mögen, darf sie ablehnen, kann sie aushalten. Sie bringt sich in Schutz und fragt, habe ich zu viel von ihm erwartet, zu wenig ihm ins Herz gelegt? Hilflos. Beide wollten gemeinsam essen, doch vor dem Essen geht er, ohne Händedruck, ohne Umarmung. Ohne Rückblick wählt er das dünne Eis der neuen Verbindungen, löst das tragende Band zu ihr und verlässt all die anderen. Es wird still, vielleicht einsam um ihn werden. So sieht sie mit schwerem Herzen ihm hinterher, als das Wir sich im Rücklicht seines Autos verliert. Dann räumt sie in der Küche auf, die Suppe ist kalt geworden.
Jetzt, da es draußen später hell und früher dunkel wird, da nasskalte Tage mit dem Wissen auf bessere freundlich angenommen werden, kommt sie langsam zur Ruhe, schafft Ordnung, verabschiedet das gelebte Jahr. Verflochten mit tiefem Dank lässt sie es ziehen, lässt ihn los. Doch geschützt im Herzen bleibt sein Teil ihrer Liebe.

Sichtverlust

Er hat sich angekündigt, wird kommen, mich an die Hand nehmen. Doch höre ich, anderenorts habe er noch zu tun, werde dort länger aufgehalten, aber angekündigt ist angekündigt. Aus der Ferne betrachtet, kann ich nicht ausmachen, was ich zu sehen bekomme, wenn er vor mir steht, mir sagt, ich bin da. Viele von uns haben ihn bereits gesehen und wissen Bescheid. Schade, dass ich mit ihnen nicht reden kann, wäre interessant, was sie über ihn zu sagen hätten. Seit er sich angekündigt hat, ist sein Kommen in aller Munde, ich bemerke das, doch niemand redet offen mit mir über ihn. Vor längerer Zeit hatte ich über ihn gelesen, hatte nachgedacht, ob es besser sei, ihm direkt und unverblümt in die Augen zu sehen oder sich wegzudrehen, so zu tun, als wüsste ich von nichts. Man sagt, wegducken, sich verstecken, das ginge gar nicht, er bringe seine Sache immer zu einem Ende.

Da sich mein Blick von Tag zu Tag trübt, geht viel vom Echten, vom Klaren um mich herum verloren. Sehe ich aus dem Fenster, weiß ich oft nicht, was ich da sehe. Erst gestern verloren meine Augen weiteres von dem, was vor sich geht. Alles war dunkler als sonst, ich spürte erneut, dass sich in der Ferne etwas tut, er macht sich auf den Weg zu mir. Wenn er dastehen wird, mir freundlich sagt, komm mit, endet die Welt, die mein Auge erlebt, mein Geist erbaut, mein Ich geliebt hat. Die Welten derer, die mit mir lebten, sind schon verschwunden. Meine eigene Welt werde ich auch mitnehmen. In ihr ergaben sich Dinge zu ertragen, die niemand ertragen sollte. Ich bin müde, möchte schlafen.

Mama, sie warten, Tante Martha, Tante Wally und Onkel Otto sind bereits vorgegangen, wir müssen los. Meine Mutter packt letzte Dinge in ihre große Tasche, prallgefüllt schwer für ein schmächtige Frau. Seit der Brief mit der Ankündigung kam, sortierte, entschied und packte sie, das kommt mit, anderes nicht. Wieder ein Blick von ihr auf den Ofen, leergebrannt mit geputzter Eisenplatte, die Gardinen zugezogen, Geschirr vom hastigen Frühstück sauber im Schrankregal, Tisch und Schlafcouch aufgeräumt, ach, die Decke muss mit. Ich stehe mit Rucksack und Tasche an der Wohnungstür, ich will das nicht, will nicht losgehen, stemme mich in Gedanken dagegen, finde kein Schlupfloch, muss das aushalten. Wir können, sagt Mama, schiebt mich aus der Tür, schließt unsere Wohnung ab, parterre gelegen, zwei Zimmer und Küche, Toilette auf dem Hof, für die Wäsche und unser Bad ein Waschzuber im Hof. Vor dem Haus steht die Nachbarin, sie hat zwei Pakete auf den Kinderwagen geladen, unsere Pakete, unser Kinderwagen. Wir gehen zum Bahnhof. Und sie verlassen auch ihre Heimat? fragt die Nachbarin auf dem Weg. Mama hat mich fest an der Hand, sieht sich nicht mehr um. Ja, sagt Mama, ich habe einen Sohn im Krieg verloren, ich will nicht noch meine jüngste Tochter verlieren. Am Bahnhof laden beide Frauen die Pakete am Bahnsteig ab, die Nachbarin nimmt den Kinderwagen an sich. Wenn sie wiederkommen, wird er da sein, sagt sie kaum hörbar. Wir verabschieden uns, Mama und die Nachbarin wissen, es wird kein Wiedersehen geben, ich will es nicht wissen, wird aber so werden, wie es im Brief der Stadtverwaltung stand. Es ist Montag, 20.01.1945, 11 Uhr vormittags in Stuhm in Westpreußen. Hier bin ich geboren, Stuhm ist meine Heimat, mit wunderbaren Erinnerungen, mit tiefem Schnee im Winter, mit blauen Heidelbeerhänden im Sommer, mit einem Schulweg durch den Wald, mit Wäsche auf der Leine, mit Badetag in der Waschwanne, mit Kirchgang zu allen Festen, mit drei Geschwistern, kaum Geld, den Vater kenne ich nicht, er ist früh gestorben. Meine Schwester Waltraud ist bereits mit dem Roten Kreuz in Danzig, Schwester Irene ist schon in Thüringen. Mein Bruder Hilmar ist im letzten Jahr gefallen, wo genau kann uns keiner sagen. Mama fragt immer bei den Behörden nach, tut uns leid, wir können ihnen nicht weiterhelfen. In Marienburg lerne ich Kochen und Kinderpflegerin in der Haushaltungsschule, die Prüfung steht bevor, das geht jetzt nicht mehr, wir müssen flüchten, vor den Russen, sie nehmen mir meine Heimat weg. Ich bin 15 Jahre alt, in vier Monaten werde ich 16. Mit meiner Mutter verlasse ich, was ich kenne, was ich liebe, verlasse Ort und Landschaft meiner Heimat, ich will nicht weg, ich bin still, höre zu, sehe mich um. Wir stehen am Bahnhof. Eine Zugmaschine mit 15 Viehwagons steht bereit, die Behörde hat alles geregelt, übernimmt die Kosten. Viele Menschen warten, dass sie einsteigen dürfen, immer acht Personen mit viel, sehr viel Gepäck drängeln sich in einen Wagon. Doch los geht es nicht, der Zug fährt noch nicht, tagsüber ist es zu gefährlich. Warum sind wir dann so früh hier? Wir warten, ich richte mich auf einem Paket ein, Mama setzt sich auf das andere, lehnt an der Wagonwand. Gegen 22h ist es so weit, der Flüchtlingszug rollt, es ist dunkel, durch kleine Wandschlitze sehe ich die Lichter des Bahnhofs verschwinden, im Wagon alles still, alles ruhig. Mama hält den Rosenkranz zwischen ihren Fingern, ich kenne das. Sie betet die fünf Gesätze des schmerzhaften Rosenkranzes, kenne ich auswendig, bete mit, ohne ein Wort zu sagen. Der Zug fährt nur nachts, an verschiedenen Haltestellen steigen weitere Flüchtlinge in andere Wagons. Das rote Kreuz ist auch da, versorgt uns mit Wasser und Kaffee und Milch, es wird eine lange Fahrt, vier Tage auf der Schiene. Wo genau der Zug durchrollt, weiß ich nicht, wir sind unterwegs, bleiben im Viehwagon, Tür aufschieben beim kurzen Halt, frische Luft atmen, aber nicht groß aussteigen, keiner traut sich länger als zum Pinkeln aus dem Wagon, alle haben Angst, dass der Zug weg sein könnte. Am 24.01.1945, freitagmorgens kommt der Zug in Staffenhagen an, alle Flüchtlinge verlassen die Wagons. Aufgeteilt durch die Behörde kommen Mama und ich zu einem Bauernhof. Mama macht den Haushalt, die Bäuerin war im Dezember gestorben, ich helfe im Stall, es geht uns gut dort, kommt mir vor wie eine verlängerte Atempause. Dann schreibt meine Schwester Irene, kommt doch zu mir, und auf eigene Faust, auf eigene Kosten geht es mit dem Zug nach Ilmenau bei Erfurt. Die Straße zum Bahnhof ist belebt, einige Nachbarn von den anderen Höfen sind ebenfalls unterwegs, nur stummes Nicken lassen die Menschen zu, gesenkte Blicke, jeder trägt, was er kann, erstaunlich still begleiten Hunde den Aufbruch, Frauen tragen schlafende Kleinkinder wie wertvolles Gut, Männer tragen Koffer und Pakete und noch mehr Gepäck, alles rein in die Wagons, die Hunde nicht, das geht nicht. Wir finden zwei Sitzplätze, quetschen die Taschen unter die Bank, meine Tante sitzt uns gegenüber. Alles ist gespannt leise um uns herum, niemand sagt ein Wort, nur manchmal ein Hierher, ein Weiter-hinten. Draußen schrillt eine Pfeife, ich halte meine Hände um meine Augen, dass ich durch das Fenster nach draußen besser sehe, fahles Licht am Güterbahnhof, Katzenaugen leuchten im Gebüsch, leichter Regen, dann rollt der Zug langsam an. Ich atme aus, sehe auf Mama, sie hat die Hände gefaltet, der Rosenkranz liegt dazwischen, sie betet, betet für unseren Weg, weg von den Kriegswehen und den nahenden Russentrupps. Nach einer Stunde hält der Zug, einige werden unruhig, was ist los, warum halten wir, nur ja nicht die Fenster öffnen. Mama sieht auf meine Tante, die holt eine Schnur aus ihrer Tasche, nickt meiner Mama zu. Mama flüstert zu mir, zieh die Beine hoch, mach dich auf dem Sitz so klein, wie es geht. Mein Herz klopft wie wild, ich ahne, was passiert, folge den Anweisungen. Mama legt ihre Decke über mich, wie ein Paket werde ich von der Schnur zusammengehalten. Keine Minute zu früh, ich höre hartes Schuhwerk durch den Wagon stampfen, jemand ruft etwas auf Russisch, ich verstehe kein Russisch, keiner antwortet, bis wieder jemand auf Russisch ruft, ich höre ein Rascheln und Ächzen, eine Frauenstimme schreit laut, ich meine, die Lehrerin aus dem Dorf zu hören, sie weint, dann ist es still. Sie sind weg, höre ich meine Tante, der Zug rollt wieder, meine Mama löst die Schnur, nimmt die Decke, ich kann wieder frei atmen, wieder gerade sitzen, wer kann, sieht aus dem Fenster, keiner redet, ich brauche nicht zu fragen, was passiert ist. Mama schaut zu Boden, es ist dunkle Nacht, ihre Hände sind wieder gefaltet, ich lehne mich an sie, das Simmern der Räder bringt mir unruhigen Schlaf.

Wir finden schnell eine Anstellung, wieder bei einem Bauern, sind versorgt, müssen nicht hungern, haben eine Kammer mit großem Bett und einen Ofen. Aber schön ist es da nicht. Als wir drei Wochen dort sind, kommen abends russische Soldaten, nehmen Fleisch und Milch und Brot. Einer sieht mich, treibt mich in die Kammer, alles geht schnell, das Laken wird blutig, Mama entschuldigt sich beim Bauern, wäscht und macht alles sauber. Nach

zwölf Tagen kommen sie zurück, ich höre ihr Stiefelstampfen, bin in der Kammer, steige aus dem Fenster, laufe ins nah gelegene Feld, stundenlang bleibe ich im Korn auf dem Boden liegen, ohne Jacke, ohne Schuhe harre ich aus, rühre mich nicht. Es wird dunkel, spät in der Nacht findet Mama mich. Endlich Mama, mir ist kalt, lass mich nicht allein. Später liege ich bei ihr im Bett, spüre die Wärme, kann endlich schlafen. In den nächsten Monaten passiert das noch dreimal, aber Mama kennt ja die Stelle, wo ich mich immer versteckt halte. Nach zwanzig Monaten verlassen wir den Bauernhof, machen uns wieder auf den Weg, mit dem Zug, mit Gepäck, mit vielen flüchtenden Menschen, immer gleich, immer anders, Flucht bleibt Flucht.
Heute ist er angekommen, er hat Zeit für mich, sagt, komm mit mir. Ein wenig unscharf erkenne ich ihn, meine müden Augen sehen ihn aus der Nähe, ich halte ihm meine Hand entgegen, da bist du ja, ich berühre ihn, er berührt mich, es tut nicht weh, ich verliere mich an ihn. Die anderen weinen, müssen sie aber nicht. Er ist gut zu mir.

Comic lesen

Nichts geht mehr, nicht rauf, nicht runter.
Ich blicke auf, eine Frau, ein Kind, ein Mann, ein Hund, ein großer Hund, drei Metallwände, eine Metalltüre, eine Anzeigentafel, ein Kopf blinkt. Es geht nicht weiter, ich stecke fest, im Parkhaus der Innerstadt stecke ich fest, der Aufzug steht, er fährt nicht weiter, rote Lettern sagen: Techniker rufen. Das kann ich jetzt nicht gebrauchen,

sehe zur Decke, sehe auf die anderen, halte Abstand, drücke mich in eine Ecke.
Es ist Sommer, im Aufzug Hochsommer und stickig. Ich beobachte, älterer Mann, Gehstock, Plastiktüte, er räuspert sich, schmutzige Brille, ausgebeulte Hose, abgetragenes Hemd, über den Brillenrand sieht er auf die Anzeige, guckt zum Hund, weiß sich nicht zu helfen, keiner weiß das, der Fahrstuhl steckt fest. Der Mann nuschelt etwas, drückt den Hilfe-Knopf, Schweißperlen laufen ihm von der Stirn, tiefes Ausatmen, die Luft wird nicht besser, wir alle schwitzen.
Die Zeit schwitzt ebenfalls, unangenehm, ich zerre an meiner Jacke, das Innenfutter klebt an den Oberarmen, zur Toilette muss ich nicht, noch nicht, Ruhe bewahren, Hilfe kommt.
Der schmale Türspalt gibt nichts frei, Unruhe kriecht, ich beruhige mich, einatmen, ausatmen, wir sind in der Innenstadt, da ist der Techniker schnell zur Stelle, auf dem Land wäre das anders, gibt es da überhaupt Aufzüge? Ma-ma, der kleine Junge sieht fragend auf, eine große, volle Einkaufstasche nimmt ihm die Sicht, die Mutter tippt in ihr Handy, er sieht ängstlich zu mir, keine Sorge, höre ich mich, zwinkere ihm zu, einatmen, ausatmen. Meine Beine werden schwer, an die Wand gelehnt, rutsche ich auf den Boden, nicht gut, der Hund wedelt auf mich zu, er ist sehr groß, er stinkt.
Ich schließe die Augen, zeitlos vergeht Zeit, gefühlte Stunden ziehen weiter, der kleine Junge holt ein Comic-Heft aus seinem Rucksack, setzt sich zu mir, seine Mutter sagt nichts, darf ich mitlesen, frage ich, er lächelt unsicher, rückt ein wenig näher zu mir.
Wir sitzen nebeneinander, er sieht konzentriert in sein Heft,

ich starre auf Füße und Pfoten. Die Pfoten tapsen unruhig auf der Stelle, der Schwanz wedelt im Takt dazu, der Hundeblick wandert zwischen Herrchen und mir hin und her. Gib Ruhe, höre ich, mit barschem Tonfall zieht Herrchen kurz aber heftig an der Hundeleine, der Hund folgt, nimmt den Platz, den er braucht, legt sich der Länge nach auf den Boden, seine Schnauze über den Vorderpfoten hechelt die Lage weg, am Boden sind keine Plätze mehr frei.
Können wir das nicht auch so machen wie hier, fragt mich der Junge und zeigt mir im Comicheft, wie Juno, der Held, mit einem Baseballschläger eine Fensterscheibe zerschlägt und drei Katzen rettet. Das ist eine gute Idee, sage ich, aber wir haben hier keinen Baseballschläger und die Türe ist aus Metall, die kann man nicht so leicht zerschlagen. Der Junge guckt mich an, immerhin eine Idee, meint er, besser als gar nichts, oder? Das stimmt, lächle ich zurück. Seine Mutter sieht immer noch auf ihr Handy, tippt und tippt. Frischer wird es nicht, die abgestandene Enge wirkt wie Narkosemittel, ich schließe die Augen, schalte auf Energiesparmodus, einatmen, ausatmen.
Der Mann drückt seinen dicken Daumen auf den Notrufknopf, wie Dauerklingeln drückt er wieder und wieder. Gefühlte Stunden später hören wir eine Stimme vor der Aufzugstür. Der Techniker ist da, endlich tut sich was. Bleiben Sie von der Tür weg, hören wir. Der Junge, der Hund und ich stehen auf, wir drücken uns von der Tür weg, dann ein Geräusch, Metall auf Metall, der Spalt wird bearbeitet, die Kante einer Brechstange schiebt sich durch, dann fahren die beiden Türhälften im Schneckentempo auseinander. Geschafft, sagt der Techniker. Gerettet, fast wie bei Juno, jubelt der Junge. Na endlich, nörgelt seine Mutter. Wieso hat das so lange gedauert, raunzt der

Mann, sein Hund wedelt vor Freude.
In umgekehrter Reihenfolge wie wir den Fahrstuhl betreten haben, verlassen wir den Ort, erst Mutter mit Tüte und Kind, dann Mann mit Tüte und Hund. Ich komme als Letzte aus dem Fahrstuhl, bedanke mich beim Techniker. Vier Menschen und ein Tier gehen wieder ihrer Wege, werden sich wohl nicht wiedersehen, anstrengend war es. Ich folge den Fahrstuhlmitinsassen aus dem Parkhaus, der Junge dreht sich um, lächelt mir zu. Nächstes Mal habe ich einen Baseballschläger dabei, ruft er mit zu. Ok Juno, ruf ich zurück, dann rettest du uns.
Na sowas, denke ich, wer sagt denn, dass man aus Comics nichts lernen kann.

Da sein ohne dort sein

Mit zwölf Jahren fuhr ich das erste Mal an die See, kam der Lunge und der frischen Luft wegen. Ich kam nicht gern, sollte sechs Monate bleiben, wie der Arzt meiner Mutter empfahl, dachte nicht, dass es woanders schöner gar besser sein könnte. Die See war ja so weit weg von zuhause, nein, da wollte ich nicht hin.
Erinnerungssicher weiß ich noch den Tag, als ich mit meiner Mutter dort ankam. Es regnete, die Sonntagsschuhe waren vollständig durchnässt, ja durchgeweicht. Bei jedem Schritt hörte ich das Regenwasser unter den Fußsohlen schmatzen. Das Ehepaar Bedau empfing uns sehr herzlich. Mutter fiel sichtbar ein Stein vom Herzen, war sie doch einer Empfehlung aus der Heimatpfarrei gefolgt. Da gibt es genau das, was ihr Kind braucht, hatte der Pastor gesagt, fragen sie nach, sie werden es nicht bereuen

und ihrer Tochter geht es bald besser, soviel hatte ich damals mitbekommen. Meine Mutter telefonierte mit Frau Bedau, erkundigte sich über Haus und Umgebung, erhielt durch die Post schnell die Zusage für sechs Monate und ein Hausfoto. Streng sah das Haus aus, die Schwarzweißaufnahme lockte mich in keiner Weise dahin. Nein, da will ich nicht alleine wohnen müssen, sagte ich. Aber du willst doch gesund werden, betonte Mutter nachdrücklich, und alleine wirst du da nicht sein. Die Schule wurde informiert, die Erholungszeit mit Büchern, Aufgaben und Lernen war gesichert.

Weit vor den Sommerferien fuhren Mutter und ich dann mit dem Zug Richtung Norden. Vom Bahnhof aus ging es mit einem Landfahrdienst weiter, nach sechs Reisestunden standen wir vor dem Haus. Genauso streng wie auf dem Foto, dachte ich. Ehepaar Bedau schien nicht streng, empfing uns freundlich in der weit geöffneten Eingangstür. Trotz Schirm regennass gingen wir ins Haus in die große Diele. Ich habe eine feine Nase, nehme Düfte und Gerüche schnell auf. Meinem Vorurteil zum Trotz duftete es angenehm, fast so wie früher bei Oma, wenn sie morgens die Fenster öffnete, Nachtluft gegen Morgenluft tauschen ließ und frischen Kaffee kochte. Herr Bedau stellte die zwei Koffer an den Treppenaufgang, nahm uns die nassen Jacken ab, Frau Bedau brachte Tee und Kuchen und ich lernte gleich, dass man hier mit Besuch in de ‚Stuuv' ging. In de Stuuv setzten wir uns an einen großen, mit einer Blaudrucktischdecke bedeckten Rundtisch. Meine Mutter liebte Porzellan, so fiel ihr das Service auf, bewunderte das feine Weinrankenmuster an Tassen, Kuchenteller und Teekanne sowie der Zuckerdose mit dem Milchkännchen. Sie konnte sich nicht sattsehen und erzählte von Omas Weihnachtsgeschenk, einem wunderschönen, vielteiligen Geschirr. Ich saß fast starr vor meinem Kaffeegedeck, fand daran nichts Besonderes, der dunkle Zucker in Würfelform interessierte mich mehr, Kandiszucker hatte ich noch nie gesehen, ebenso wenig kannte ich Franzbrötchen, ja, das schmeckte gut. Nach zwei Tassen Tee mit braunem Zucker schlug Frau Bedau vor, das Gästezimmer anzusehen. Gerne, sagte Mutter. Ich sagte nichts, wollte lieber weg, nur widerwillig folgte ich den beiden Frauen die Treppen hoch zur oberen Etage. Am Ende des kleinen Flurs öffnete Frau Bedau eine Tür, hier ist es, sagte sie lächelnd, wies uns mit offener Handgeste den Weg ins Zimmer. An der Türschwelle blieb ich stehen, blickte zurück zur Treppe, für alle Fälle, wenn auch unbekannte Fälle, kalkulierte ich die Entfernung zur Fluchtmöglichkeit. Sehr schön, begeisterte sich meine Mutter, wunderbar hell und sauber, hier kannst du dich wohlfühlen. Frau Bedau lächelte mir zu, ich bin sicher, alles wird gut laufen, für die nächsten Monate kann das Zimmer dein Zuhause sein. Nie im Leben, widersprach mein Bauchgefühl, immer noch an der Türschwelle stehend. Beide Frauen unterhielten sich ein wenig, dann musste Mutter sich schon verabschieden, sie wollte weiter zu ihrer Tante, der bestellte Landfahrdienst wartete. Wir drückten uns feste, als ich ihr zuflüsterte, ich will hier nicht bleiben. Meine Mutter kniete vor mir, hielt meine beiden Hände und meinte, gib dem Zimmer, den Wirtsleuten und der Umgebung eine Chance, wenn du in einem Monat immer noch hier alles furchtbar findest, hole ich dich wieder ab. Wir telefonieren jede Woche zweimal, versprochen. Meine Mutter war eine Mama, die nicht oft ein Versprechen gab, aber wenn, dann hielt sie das Versprechen, ohne Ausnahme. In diesem Vertrauen nickte ich, wir verließen das Zimmer, gingen die Etagen runter. Dabei hielt ich Mutters Hand so fest, als würde sie sonst wegfliegen. Im Hof umarmten wir uns nochmals, der Regen hatte aufgehörte, Mutter stieg ins Auto, ich winkte und weinte, als sie hinter der hohen Buchenhecke zur Straße verschwand. Frau Bedau sprach freundlich, komm zurück ins Haus, wenn du möchtest, helfe ich dir beim Auspacken und Einräumen. Nein danke, sagte ich so höflich, wie ich nur konnte, das schaffe ich. Gut, sagte sie, dann standen wir wieder im Gästezimmer, in zwei Stunden gibt's Essen. Frau Bedau schloss die Tür.

Noch in Gedanken bei der Verabschiedung ging ich durch das Zimmer. Gefühlt mutterseelenallein stellte sich schon Heimweh ein, das machte es schwer, überhaupt etwas Schönes an der neuen Umgebung, an diesem Zimmer zu sehen. Ich setzte mich auf das Bett. Weich fühlte es sich an, der Bettbezug hatte große Rosenmuster in weinroter Farbe. Obwohl ich mich innerlich gegen alles wehrte, meinte ich, die Rosen zu riechen. Mit diesem Duft in der Nase wanderten meine Augen langsam durch das Zimmer. Geführt von einer zur anderen Wand, ging es vom gemachten Bett über den Teppichboden, weiter am Tisch mit Tischdecke und Blumenvase vorbei bis hin zur Fensterreihe. Immer noch unbesänftigt ging ich zum Fenster, ein kleiner Schreibtisch wartete mit Notizzettel, Bleistift und Radiergummi auf mich. Ich weiß Bescheid, murmelte ich, regelmäßig werden Aufgaben von der Schule geschickt, die muss ich machen und alles wieder zurückschicken. Dazu sind vier Bücher und acht Hefte im Koffer eingepackt. Mit der nächsten Aufgabenpost werden Korrekturen und

sicher auch Noten kommen, die Erholungszeit soll ja nicht in Langeweile ausarten, so hatte die Lehrerin noch zu mir gesagt. Mir sollte es recht sein, zum einen ging ich wirklich gern zur Schule, zum anderen würden die Aufgaben mich vom Alleinsein ablenken, bis ich mit Mama telefonieren konnte. Fest stand, dass ich nach dem verabredeten Monat nicht einen Tag länger hier sein wollte, fühlte mich den Gefängnisinsassen nah, die jeden Tag einen Strich an die Zellenwand ritzen. So jedenfalls stellte ich mir das Leben im Gefängnis vor. Ganz so schlimm ist es nicht, mahnte etwas in mir, Mama hätte dich nicht hiergelassen, wenn es ein Gefängnis wäre. Resigniert meinte ich, gut, versuchen wir es, auch wenn ich es mir hier nicht gefällt.
Zum Abendessen erschien ich pünktlich, viel Hunger hatte ich jedoch nicht, menst du dat se woll morgen edden deiht? fragte Herr Bedau seine Frau. Segger dat, antwortete sie, en anner mol, sie sprachen auffällig langsam und lächelten mich dabei an. Ich hatte das Gefühl, fast alles verstanden zu haben, ja morgen, nickte ich Herrn Bedau zu. In de stuuv mit den Bedaus sitzen, wollte ich an diesem Abend aber auf keinen Fall, mein Trotz war zu stark. Ich nahm einen Becher Tee und ging wieder in das Gästezimmer. Letzte Sachen packte ich aus, räumte den Kleiderschrank ein und wieder um, legte die Schulsachen auf den Schreibtisch, setzte mich ans Fenster. Sommerhelle Dunkelheit und die vielen Einrücke des Tages machten mich müde. Im Bett, weich und viel größer als mein gewohntes Bett zuhause, saß bereits Meister Langohr, der große Plüschhase von meiner Oma, der mit mir die sechs Monate hier leben würde. Ich schlief schnell ein, träumte von Kandiszucker und Franzbrötchen und den ersten Stunden im Haus ‚Kiek un bliev‘.

Während der Erholungszeit hatte ich die Etage für mich allein. Im Haus durfte ich mich überall hinbewegen, nichts war eingeschränkt oder verboten. Obst, Wasser und Tee standen den Tag über bereit. Bis auf den ersten Morgen, an der Zimmeruhr gab es keinen Wecker einzustellen, hatte ich keine Probleme pünktlich beim Frühstück zu sein. Die Sache mit den Schulaufgaben teilte ich mir selbst ein, bei allen Mahlzeiten wurde ich satt und meine Mutter war bei den Telefonaten der ersten Woche hörbar beruhigt.
Dann, unbemerkt schleichend begann es, etwas wurde anders. Ich fühlte anders, fühlte mich anders, fühlte kleine Veränderungen, unaufdringlich spürbar, komisch, dachte ich, doch tagsüber immer beschäftigt, verlor ich den Gedanken wieder.
Außer am Schreibtisch war ich oft in der Küche oder im Garten zu finden. Das Ehepaar Anna und Herbert Bedau lebte in ihrem Haus seit über 45 Jahren mit kleinem Gartenland und allerlei Kleinstviehzeug, hatte immer etwas zu tun, war mit Blumen, Gemüse und Tieren in Gang.
Sie kannten sich aus mit den Besonderheiten eines Reetdachhauses, wussten um die ungeschriebenen Gesetze eines Landlebens in Meeresnähe. Sie liebten ihre Heimat, ihr Haus, ihre Arbeit und sahen sich, trotz Kinderlosigkeit, Zeit ihres Lebens als reich gesegnet.
Mich banden sie vorsichtig aber stetig in ihre täglichen Aufgaben ein. Häst du lust wöddeln ut to trekken? Kiek mol no, wieveel de höhner eier legt hebt. Den schietemmer kannst du dor utkippen. De blomen an de infort kannst du abschnieden. Wie wüllt hüt appelmoss koken, machst du dat ok warm edden? Immer besser konnte ich ihr Platt verstehen, nur antworten blieb schwierig für mich. Gedanken über meine Lunge, meine Atemnot

machte ich mir keine mehr. Auch vergas ich, darüber am Telefon zu berichten, so dass meine Mutter meinte, das liege am Wetter und der guten Luft, dass es mir so gut ginge. Nach mehr als einem Monat wusste ich den eigentlichen Grund.

In den Tagen zwischen Morgen und Abend veränderte sich meine Sicht auf meinen Rückzugsort. Ich wohnte, arbeitete und schlief nicht mehr im Gästezimmer, sondern in *meinem* Zimmer. Mein Zimmer war es, was mich veränderte, was in mir Veränderungen brachte.

Wie ich war es ein Einzelkind, unterm Dach gelegen war es das einzige seiner Art im Haus. Kam man zu Besuch, sollte oder wollte über Nacht bleiben, wurde es hergerichtet. Dass jemand kam, passierte nicht oft, aber wenn, dann wurden Spinnweben, tote Fliegen und Bodenstaub entfernt, frische Bettwäsche aufgezogen, eine Vase mit Kleeblattmuster gefüllt auf das kleine Tischchen gestellt, ein üppiger Strauß Saisonblumen aus dem Garten rundete jedes Willkommen ab. Das Gästezimmer im Haus ‚Kiek un bliev' lag eine Treppe von Küche und Wohnzimmer entfernt am Ende der oberen Etage, eine Abstellkammer gab es nebenan. Unbeeindruckt vom Trubel, der sich in Parterre wunderbar, wenn auch selten breitzumachen wusste, bestach das Gästezimmer durch das, was es ermöglichte. Es strahlte etwas aus, das es in keinem der anderen, von mir untersuchten Zimmer gab.

Zwei Fenster, hell und gardinenlos in den heiteren Jahreszeiten, erlebten nicht selten überraschte Freude der Kurzzeitbewohner. Gegenüber angelegt, zeigten beide Fenster ihre eigene Vorstellung von dem, was Blickrichtung bedeuten konnte. Gab das eine Fenster freie Sicht zur Einfahrt des Hauses, ließ sehen, wer und was sich wie auf dem Hof

einfand, bot das andere Fenster einen unverstellt weiten Blick, eine atemberaubende Aussicht bis hin zur See.
In den schönsten Monaten waren es Salzwiesen, glänzende Rapsfelder und ein tiefgrüner Hain, Knick genannt, der die Augen weiter zum nächsten Rapsfeld führte. Diese Aussicht zauberte jedem eine in Farben getunkte persönliche Außensicht von Welt. Dies war kein Vorgaukeln der Bilderbuchzeit vergangener Tage, sondern verband den Eindruck der Augen mit der eigenen Sehnsucht nach einem natürlichen Leben, einem Leben, das anders als gewohnt, hier greifbar nah erschien. So nah wie diese Sicht die Weite zur See einfing, so gut sicherte die Entfernung den Schutz des Hauses vor tosenden Wellen und Hochwasser im Frühjahr. Die waren nicht immer freundlich zu Menschen, Tieren und dem Land.
Ob beim Aufwachen, Lernen, Aufräumen oder beim Zubettgehen, täglich war da eine besondere Atmosphäre, die ich am ersten Tag nicht sehen konnte. Hielt ich mich länger hier auf, machte meine Aufgaben für die Schule, saß vor dem einen oder sah aus dem anderen Fenster, passierte es ganz von allein, alles um mich herum erschien echt und leicht. Ich musste gar nichts Besonderes tun, die Zeit in meinem Zimmer verwandelte Neues in Besonderes, Angst in Zuversicht, Ungewohntes in Neugierde. Beschreiben konnte ich das mit zwölf Jahren nicht, aber in diesem Zimmer war etwas, was Haus und Umgebung das gab, was mich spüren ließ, hier ist es gut. Nach dem verabredeten Monat hörte meine Mutter überglücklich, dass ich bleiben wolle, und nach meinem Empfinden vergingen die sechs Monate viel zu schnell.

Nach dem ersten Gesundheitsaufenthalt bei den Bedaus verging kein Schuljahr, in dem ich nicht wenigstens die Sommerferien dort verbrachte, der Lunge, der guten Luft, dem gesunden Essen und dem Gästezimmer wegen, meinem Zimmer mit den zwei Fenstern, die hell und klar meine Sinne öffneten, mir Orientierung gaben. Durch die Jahre verstärkte sich das Gefühl, hier tut das Leben gut, ankergleich gibt es hier Halt. Das Haus und das Zimmer im Norden wurden mein zweites Zuhause, war ‚Kiek un bliev' mein Seelenort geworden.
Heute sage ich, man muss dort gewesen sein, um zu spüren, was die Zeit in diesem Zimmer mit einem macht, wie die Aussicht beruhigt, wie Haus und Arbeit die Innensicht stärken, die Weitsicht erden. Hin und wieder spüre ich da zu sein, ohne dort zu sein., denn ‚Kiek un bliev' lässt mich in der Welt ruhen.

Dass es gut werde

Es ist Zeit, sagte die Zeit und wie so viele Einfamilienhäuser in unserem Dorf teilt auch mein Haus das Schicksal der Übergabe an die nächste Generation.
Mein ältester Sohn gestaltet es um, wird darin leben, eine gute Entscheidung. Am Tag der Übergabe waren wir uns besonders nah, beim Notar unterschrieben wir alles Notwenige, auf der Straße umarmten wir uns, Tränen liefen. Meine Tränen waren die des Abschieds von 33 Jahren Haus und Heimat.
Vieles hat das Haus in den Jahren erlebt, es war Spätsommer, wir kamen zur Besichtigung, sagten ja, die Vorbesitzer freuten sich, Banktermin, Bürgschaft der Väter für den

Kredit, Unterschriften beim Notar, Renovierungen rund um die Uhr und im November zogen wir ein, ein Polizeibeamter, eine Lehrerin und zwei Kindergartenkinder.
Nach meiner Entscheidung, das Haus aufzugeben, begann ich Kisten, Kartons und Koffer zu packen, dachte an Erlebnisse, die besonders waren, die als Rituale durch die Zeit mitgingen, die aus dem Haus ein Zuhause gemacht haben. Gedanken an Weihnachtsfeste mit dem leckeren Essen, an Osterfeste mit Eiersuchen im Garten, an Geburtstagsfeiern mit Tanten und Großeltern, viermal wurde nach kirchlichem Segen mit Paten und Familie im Haus gefeiert, alle passten um den Küchentisch.
Mit meinem Mann habe ich so manchen Abend im Garten gesessen, auf Rasenmoos, Sträucher, Kirschbaum und den angelegten kleinen Wasserfall gesehen, wir erzählten vom Tag, ruhten uns aus. Ich weiß nicht, wie oft ich in der Sommerzeit am Abend auf der Terrasse wartete, bis das Geräusch seines Rollers, das Aufschließen des Gartentores, das Klacken des Fußständers mir sagte, er ist wieder zuhause, und freitags zum Feierabend ein Bier zu Beginn des Wochenendes. Genuss pur. Gemeinsames Wohnen und Familienleben trotz schwieriger Tage, in denen nichts so richtig gut sein will, ist eine wunderbare Erfahrung.
Für mich gab es im Jahresverlauf einige Höhepunkte.
Es gab u.a. das ‚Zeugnisgrillen' mit den Freunden, das Schuljahr, die Arbeit, das Lernen geschafft, Pause von Stress und Sorgen, der Urlaub greifbar nah, Ausschlafen war die erste Tätigkeit in den Freiheiten der Sommerferien.
Ebenfalls besonders war die ‚Zeit zwischen den Jahren'.
Diese Tage haben etwas Magisches. Die Weihnachtstage klingen aus, der Blick richtet sich auf das Jahresende.
Zwischen den Jahren schmilzt die Zeit auf das Wesent-

liche, lässt Dank sagen für das reichhaltig Gelebte, um Segen bitten für das unbekannt Kommende, dass alles unter einem guten Stern stehe.
Ich nehme Abschied, es ist ein Abschied, von dem es kein Zurück mehr geben wird. Das Haus, das ich 33 Jahre mein Zuhause genannt habe, habe ich abgegeben, mich vom Zuviel getrennt, habe verkauft, gespendet, entsorgt. Mit immer noch zu vielen Kisten und Kartons bin ich ausgezogen, habe eine kleine Wohnung bezogen, übe weiter das Loslassen, das Abschließen. Ich sage, es war gut, so wie es war, es ist gut, so wie es ist, tu einen Blick in den Himmel, bitte um Gottes Segen, dass es gut werde.

Dezemberdank

1 meine Gesundheit mit gutem Schlaf
2 meine Freiheiten im Tun und Geworden sein
3 meine Aufgaben durch die Lebensjahre
4 meine Eltern und ihr Dasein
5 meine Erziehung und Bildung
6 meinen Vater, dem ich die Augen schließen durfte
7 meine Mutter, mit der ich die Rollen tausche
8 meine beiden Söhne, die ich begleiten darf
9 meinen Mann und 37 Jahre Zusammensein
10 meine Erfahrung mit seinem Sterben
11 meine Schwester mit Herz und Verstand
12 meine Freundinnen mit Zuspruch
13 meine Freunde, die gegangen sind
14 meine Reisen in Europa
15 mein Zuhause mit Fortbewegungsmittel
16 meine Prüfungen im Beruf und Alltag

17 mein Talent für Wort und Satz
18 meinen Kirchendienst mit Lob
19 mein Tapfersein an traurigen Tagen
20 meinen Mut, Neues zu wagen
21 meine letzte Liebe
22 meine Freude über jeden neuen Tag
23 meinen Glauben an das ewige Leben
24 meinen Gott, der meine Lieben und mich in Händen hält.

Schrittweise Glück

Ich bin angekommen in dem Leben, das mir schrittweise zufiel. Mein Herz sieht auf die Tage, die mir gute Tage wünschen. Da ist es fast leicht, den Alltag zu umfassen.

Wenn Unkraut immer wieder die Gartenliebe fast ins Wanken bringt, öffnet neuer Lebensraum neuen Blickwinkel. Mit ihm sehe ich in die Weite und Wesentliches rückt in den Vordergrund. Auch wenn im Hin und Her der Tage immer ein Stück Wagnis bleibt, stehen Hand und Gefühl eng zusammen, bauen Herz und Geist auf Gottes guten Segen.

In diesem Vertrauen weiß ich mich geführt auf selbst gewähltem Weg. Ich bin dankbar für das, was war, was kommt, was bleibt, was gehen wird. Alles hat seinen Platz, das Glück und auch das Unkraut.

Maria Lange-Otto, März 2023

Auch im Skript-Verlag erschienen:

Neuss: *literarisch*

Herausgeberinnen:
Eleonore Hillebrand, Maria Lange-Otto

Über 60 Geschichten und Gedichte von 29 Autorinnen und Autoren aus der Region: spannend, besinnlich, lustig, überraschend …

Taschenbuch, 13,5cm x 21,5cm
236 Seiten
ISBN 978-3-928249-61-4
ISBN 978-3-928249-62-1, e-Book
Skript-Verlag 2020

Geteilte Tage

Geschichten von Maria Lange-Otto

Geschichten von Maria Lange-Otto ziehen hinein ins Geschehen, in ihre liebevoll philosophische Denkweise, deren Hintergründigkeit oft erst nach zweimaligem Lesen oder Hören offenbar wird. Stilistisch sind es gedankliche Kleinodien einer Frau, die Dinge und Menschen nach innen hin durchdringt und sie durch ihre Erzählung lebendig macht. Dreh- und Angelpunkt ist die Liebe in ihrer Vielfalt.

Taschenbuch, 12cm x 19cm, 146 Seiten
ISBN-13: 978-3-928249-67-6
Skript-Verlag 2021

www.skript-verlag.de

Weiter Blick

Kurzgeschichten von Maria Lange-Otto

Die Kurzgeschichten von Maria Lange-Otto erzählen einfühlsam von Abschied, von Leere und Neubeginn, hinterfragen das Wesen von Zeit und Raum. Sie versteht es meisterhaft, dem Leser die Schönheit der deutschen Sprache nahezubringen. Ein Buch, das hilft, eigenes Leben widerzuspiegeln und Zuversicht zu finden.

Taschenbuch 12cm x 19cm
102 Seiten
ISBN 978-3-928249-96-6
Skript-Verlag 2022

AUF BLÄTTERN

Gedichte von Eleonore Hillebrand

Auf Blättern heißt das kleine Meisterwerk, in dem Eleonore Hillebrand Gedichte aus 20 Jahren literarischen Schaffens zeigt. Der versierte Leser weiß, Gedichte schreiben ist Arbeit. Gute Gedichte kommen nicht leicht aufs Papier, die Worte finden und formen sich nicht schnell, ihr Sinn öffnet sich erst im wiederholenden Lesen.

Taschenbuch 12cm x 19cm,
126 Seiten
ISBN 978-3-928249-64-5
Skript-Verlag 2021

www.skript-verlag.de

Briefe an ...
von: Eleonore Hillebrand

Da ist der Spickzettel, der neben einem Smartphone hilfreich bleibt, das Kehrblech, nützlich trotz Staubsauger. Oder die Haustür, die sich dem Bewohner willig öffnet und vor dem Einbrecher schützt. Die Autorin beschreibt Geschichten mit Liebe, Wertschätzung oder auch nur mit nüchterner Erkenntnis.Mit der subtilen Betrachtung erleben wir das Wiedersehen dieser Dinge. Das lässt uns nach der Lektüre mit wohligem Schmunzeln zurück.

Taschenbuch, 12cm x 19cm, 110 Seiten
ISBN 978-3-928249-97-3
Skript-Verlag 2022

Briefe von ...
von: Eleonore Hillebrand

Ob Auto, Kaffeekanne oder Bleistifte, Gartentörchen, Bratpfanne oder Kosmetika ...
Eleonore Hillebrand betrachtet ihre treuen Alltagsbegleiter aus vielen Blickwinkeln und schreibt ihnen sogar Briefe. Jetzt bekommt sie Antworten. Ein Büchlein zum Schmunzeln, Lachen und Nachdenken. Vielleicht verlockt es Sie ja auch dazu, mal wieder einen Brief zu lesen oder gar zu schreiben, an wen oder was auch immer!

Taschenbuch, 12cm x 19cm, 110 Seiten
ISBN 978-3-928249-89-8
Skript-Verlag 2023